Veronika Pichl

BIO für mein Baby

Veronika Pichl

BIO für mein Baby

Gesunde und vollwertige
Mahlzeiten von Anfang an

70 Rezepte für Brei,
Beikost, Vollwertkost
und mehr

riva

Bibliografische Information der Deutschen Nationalbibliothek
Die Deutsche Nationalbibliothek verzeichnet diese Publikation in der Deutschen Nationalbibliografie. Detaillierte bibliografische Daten sind im Internet über http://d-nb.de abrufbar.

Für Fragen und Anregungen
info@rivaverlag.de

Wichtige Hinweise
Dieses Buch ist für Lernzwecke gedacht. Es stellt keinen Ersatz für eine individuelle medizinische Beratung dar und sollte auch nicht als solcher benutzt werden. Wenn Sie medizinischen Rat einholen wollen, konsultieren Sie bitte einen qualifizierten Arzt. Der Verlag und die Autorin haften für keine nachteiligen Auswirkungen, die in einem direkten oder indirekten Zusammenhang mit den Informationen stehen, die in diesem Buch enthalten sind.

Ausschließlich zum Zweck der besseren Lesbarkeit wurde auf eine genderspezifische Schreibweise sowie eine Mehrfachbezeichnung verzichtet. Alle personenbezogenen Bezeichnungen sind somit geschlechtsneutral zu verstehen.

Originalausgabe
1. Auflage 2022

Türkenstraße 89
80799 München
Tel.: 089 651285-0
Fax: 089 652096

Redaktion: Caroline Kazianka
Umschlaggestaltung: Isabella Dorsch
Umschlagabbildungen: Stephanie Just
Satz: Müjde Puzziferri
Druck: Florjancic Tisk d.o.o., Slowenien
Printed in the EU

ISBN Print 978-3-7423-2028-5
ISBN E-Book (PDF) 978-3-7453-1776-3
ISBN E-Book (EPUB, Mobi) 978-3-7453-1777-0

Weitere Informationen zum Verlag finden Sie unter
www.rivaverlag.de
Beachten Sie auch unsere weiteren Verlage unter www.m-vg.de

Inhalt

Gesunde Ernährung für *mein Baby*

Eine gute Ernährung ist die Grundlage für Gesundheit und Wohlbefinden – das gilt für Kinder genauso wie für Erwachsene. Viele Eltern achten deshalb immer genauer darauf, was Babys und Kleinkinder zu sich nehmen. Das ist mehr als sinnvoll. Schließlich sind Essen und Trinken nicht nur lebensnotwendig. Vielmehr wird bereits im frühen Kindesalter der Grundstein für gesunde Ernährungsgewohnheiten und ein bewusstes Essverhalten in der Zukunft gelegt.

Gerade bei Babys und Kleinkindern ist eine gesunde Ernährung außerdem Voraussetzung für eine optimale Entwicklung und ein gutes Wachstum. Insbesondere in den ersten zehn Lebensjahren ist es wichtig, genau darauf zu achten, was Kinder essen. Auf diese Weise tragen Eltern einen großen Teil zu deren gesundem Heranwachsen bei und vermitteln außerdem ganz nebenbei, was eine gesunde Ernährung ausmacht.

Doch gerade in den ersten Lebensjahren des Babys wirft die gesunde Ernährung des Nachwuchses auch unter Eltern viele Fragen auf. Schließlich haben Kinder in dieser Lebensphase einen besonders hohen Energie- und Nährstoffbedarf. Gleichzeitig sind Darmflora, Darmschleimhaut, Verdauungsstoffwechsel und das Immunsystem aber noch nicht so stark und ausgeprägt wie bei größeren Kindern oder Erwachsenen. Spezielle Ernährungsbedürfnisse und -besonderheiten kommen in dieser Zeit also zusammen.

Für Eltern ist es oft schwierig zu entscheiden, welche Lebensmittel für den Nachwuchs geeignet sind und ob bereits die Zeit gekommen ist, »ganz normale« Familienmahlzeiten zu kosten. Dieses Buch möchte deshalb zeigen, worauf es bei der Ernährung in den ersten Lebensmonaten wirklich ankommt, wie schon den Kleinsten gesunde Ernährung schmackhaft gemacht werden kann und warum dabei im Idealfall Bio-Lebensmittel auf den Tisch kommen sollten.

Bio für Klein und Groß – warum es sich lohnt, auf Bio-Qualität zu achten

Nahrung dient unserem Körper als Treib- und Baustoff. Das Körpergewebe wird ständig auf- und abgebaut sowie erneuert. Bei Kindern im Wachstum sind diese Vorgänge natürlich besonders intensiv – allerdings laufen die »Instandhaltungs- und Erneuerungsprozesse« auch im Körper von Erwachsenen ab.

Führt man sich vor Augen, dass unsere Lebensmittel der Baustoff für Herz, Gehirn, Knochen und Muskeln sind, erscheint es ganz logisch, auf hochwertige Lebensmittel zu achten. Schließlich würden wir auch ein Haus nicht aus Materialien bauen, von denen wir wissen, dass sie minderwertig sind.

Woran lassen sich Bio-Lebensmittel zweifelsfrei erkennen?

Bio-Lebensmittel enthalten weniger unerwünschte Substanzen, die wir nicht zu uns nehmen möchten. Das ist von besonderer Bedeutung. Schließlich lassen sich Nitrat- oder Pflanzenschutzmittelrückstände in Lebensmitteln nicht abwaschen oder durch Erhitzen beseitigen. Möchten wir diese Stoffe so wenig wie möglich aufnehmen, bleibt nur der Griff zu Bio-Lebensmitteln, die auf nachhaltige und umweltfreundliche Weise hergestellt werden. Außerdem schmecken Bio-Lebensmittel oft besser und man kann Obst und Gemüse ganzheitlicher verwerten, zum Beispiel mit Schale und Kraut.

Wie aber lässt sich nun feststellen, ob ein Bio-Lebensmittel überhaupt bio ist, und was bedeutet das eigentlich?

Was bedeutet »bio« genau?

»Bio« ist nicht lediglich ein Aufdruck auf Lebensmittelverpackungen im Supermarkt, Bio-Laden oder im Discounter. Vielmehr verbergen sich hinter der Bezeichnung Lebensmittel, die auf besondere Weise hergestellt worden sind.

Anbau- und Herstellungsweise unterscheiden sich bei Bio-Lebensmitteln und »herkömmlichen« Lebensmitteln aus konventioneller Produktion deutlich. Folgende Grundsätze müssen bei der Produktion von Bio-Lebensmitteln und der ökologischen Landwirtschaft eingehalten werden:

- Artgerechte Tierhaltung: Die Bedürfnisse von Tieren werden bei ihrer Haltung berücksichtigt. Das bedeutet beispielsweise, dass Hühner, die zur Produktion von Bio-Eiern gehalten werden, Bewegungsmöglichkeit haben und nicht ständig in Käfigen leben. Und Kälber werden nicht allein in Mastboxen aufgezogen.

- Die Fütterung von Tieren mit importierten Futtermitteln wird weitestgehend vermieden.
- Bei der Aufzucht und Haltung von Tieren werden keine Hormone, Antibiotika, Wuchsstoffe oder andere Stoffe, die lediglich der Leistungsförderung dienen, verabreicht.
- Tierfutter wird selbst angebaut oder von ökologisch wirtschaftenden Anbietern zugekauft.
- Tierquälerische Tiertransporte von langer Dauer werden weitestgehend vermieden.
- Keine Gentechnik bei der Verarbeitung und Produktion von Lebensmitteln.
- Lebensmittel werden möglichst regional und verbrauchernah vermarktet.
- Es werden keine Kunstdünger oder chemisch-synthetischen Schädlingsbekämpfungsmittel verwendet.
- Die natürliche Fruchtbarkeit des Bodens wird gefördert und erhalten.
- Das Grundwasser wird beim Anbau von Lebensmitteln geschont.

Die unter Berücksichtigung dieser Grundsätze hergestellten Lebensmittel sind mit weniger Schadstoffen belastet und daher als »gesünder« anzusehen. Außerdem dienen die Bio-Grundsätze dazu, Tierleid zu reduzieren und Ressourcen zu schonen bzw. zu erhalten. Gerade zur Ernährung von Babys oder in der Stillzeit sind Bio-Lebensmittel daher besonders wichtig und wertvoll.

Wie lässt sich feststellen, ob bio wirklich bio ist?

Wer sich selbst und seine Kinder nicht mit unnötigen Schadstoffen und chemischen Substanzen belasten möchte, greift gezielt zu Bio-Lebensmitteln. Doch wie lässt sich dabei feststellen, ob der Aufdruck »Bio« auf einem Lebensmittel nicht lediglich ein Marketing-Trick ist?

Dass die oben genannten Bio-Grundsätze beim Anbau und bei der Herstellung von Lebensmitteln tatsächlich eingehalten werden, kontrollieren spezialisierte Anbauverbände. Erfüllen ein Landwirt und die von ihm hergestellten Lebensmittel alle Kriterien, werden die Produkte mit einem Kennzeichen – einem Bio-Siegel oder -Logo – versehen.

Die Bio-Verbände und ihre gleichnamigen Siegel heißen etwa Bioland, Biopark, Biokreis, Demeter, Ecoland, Naturland, Gäa oder Ecovin. Trägt ein Lebensmittel eines dieser Siegel, können sich Verbraucher darauf verlassen, dass es sich um geprüfte Bio-Qualität handelt.

Übrigens: Trägt ein Lebensmittel eines dieser Bio-Siegel, ist auf die geprüfte Bio-Qualität Verlass. Unerheblich ist dabei, ob das Lebensmittel in einem Super- oder Biomarkt, einem Discounter oder in der Drogerie gekauft worden ist. Das Bio-Siegel hat immer die gleiche Bedeutung und es gibt keine Bio-Qualitätsunterschiede etwa zwischen Supermarkt oder Discounter.

Bio-Kost für die ganze Familie

Wer sich für selbst zubereitete Bio-Kost für sein Baby und auch für die ganze Familie entscheidet, tut sich und anderen in mehrerlei Hinsicht etwas Gutes: Zum einen stammen Bio-Lebensmittel aus umwelt- und tierfreundlicherer Produktion. Sie werden unter Verzicht auf umweltgefährdende Stoffe angebaut und hergestellt und tragen so auch dazu bei, eine lebenswerte Welt für unsere Kinder zu erhalten.

Eine Ernährung mit Bio-Kost ist also ganz grundsätzlich eine sinnvolle Sache. Doch wie sollte nun die richtige Ernährung für ein Baby mit Bio-Lebensmitteln aussehen?

Die richtige Ernährung in den ersten Lebensmonaten

Muttermilch und Säuglingsnahrung machen den Anfang

Geht es um die Ernährung von Neugeborenen, fällt die Wahl des passenden Lebensmittels nicht schwer: Muttermilch ist insbesondere im ersten Lebenshalbjahr das Lebensmittel der Wahl. Das hängt insbesondere damit zusammen, dass Muttermilch alle für das Kind wichtigen Nährstoffe in idealen Mengen enthält. Außerdem ist sie immer optimal temperiert, auch unterwegs stets »verfügbar« und ideal an die Bedürfnisse des Säuglings angepasst.

Im ersten Lebenshalbjahr oder mindestens bis zum 5. Lebensmonat sollten Kinder daher ausschließlich gestillt werden. Dadurch wird insbesondere auch Allergien vorgebeugt. Darüber hinaus belegen Untersuchungen, dass Stillen das Risiko von späterem Übergewicht deutlich reduzieren kann.

Zu bedenken ist dabei allerdings: Die »Qualität« und Zusammensetzung der Muttermilch wird durch die Ernährungsweise der Mutter beeinflusst! Entsprechend ist eine gesunde Ernährung mit Bio-Lebensmitteln auch für die stillende Mutter selbst besonders wichtig.

Außerdem soll erwähnt werden: Wer in den ersten sechs Lebensmonaten nicht voll stillen kann oder möchte, kann selbstverständlich auf geeignete Säuglingsnahrung zurückgreifen. Diese steht »echter« Muttermilch heute in kaum etwas nach – ist im Vergleich zur Muttermilch jedoch ziemlich kostenintensiv.

Ernährung ab dem 5. Lebensmonat: Milchmahlzeiten dürfen jetzt ergänzt werden

Etwa ab dem 5. Lebensmonat darf Baby – zusätzlich zu den gewohnten Milchmahlzeiten – das erste Mal Babybrei kosten. Wann genau der richtige Zeitpunkt dafür gekommen ist, kann individuell verschieden sein. Zeigt das Kind jedoch bereits Interesse an dem, was Eltern und größere Geschwister essen, und versucht beispielsweise, danach zu greifen, ist das ein Zeichen dafür, dass es seinen ersten Brei probieren darf.

Vor dem 5. Lebensmonat ist das Zufüttern von anderen Lebensmitteln zur Muttermilch hingegen nicht sinnvoll. Vielmehr kann es sogar unerwünschte und schädliche Folgen für das Kind haben. Vor dem 5. Lebensmonat ist das Immunsystem des Kindes nämlich noch recht schwach. Außerdem ist seine Darmwand sehr durchlässig. Werden zusätzlich zur Muttermilch andere Lebensmittel gefüttert, kann das eine Sensibilisierung des Kindes gegen Nahrungsmittelallergene nach sich ziehen. Um das zu vermeiden, ist es sinnvoll, das Kind bis zum 4. Lebensmonat voll zu stillen oder es mit Säuglingsnahrung zu füttern. Vom 5. bis zum 12. Lebensmonat kann das Stillen dann mit dem Zufüttern von Babybrei bzw. babygerechter Kost kombiniert werden.

Die richtigen Zutaten für die ersten Babymahlzeiten

Nicht allein die Frage danach, ob es bereits Zeit für die erste Breimahlzeit ist, beschäftigt viele Eltern. Unklar ist oft auch, welche Zutaten überhaupt in Babys erstem Brei verwendet werden sollten.

Allerdings ist die Beantwortung der Zutaten-Frage gar nicht so schwierig. Schließlich reicht es aus, sich bei der Brei-Komposition einfach an den Nährstoffen und Zutaten zu orientieren, die Kinder im ersten Lebensjahr benötigen. Das sind insbesondere:

- **Zink und Eisen:** Die ausreichende Versorgung des Babys mit Zink und Eisen allein über die Muttermilch ist nach einigen Lebensmonaten nicht mehr gewährleistet. Die erste Breimahlzeit sollte daher eisenreiches Bio-Fleisch und Bio-Getreide enthalten. Wer sich dabei statt für Fleisch für eisenhaltige pflanzliche Lebensmittel entscheidet, sollte darauf achten, diese mit Vitamin-C-reichem Bio-Gemüse oder Bio-Obst zu kombinieren. So kann das Eisen besser verwertet werden.

- **Gesunde Fette:** Hochwertige gesunde Fette sind wichtig für die Gehirn- und Sehsinnentwicklung. Dementsprechend sollten dem ersten Babybrei hochwertige pflanzliche Öle in kleinen Mengen beigefügt werden. Besonders geeignet ist beispielsweise Rapsöl in Bio-Qualität. Als Faustregel gilt 1 Teelöffel Öl pro 100 g Brei. Wichtig ist jedoch, dass es sich um raffinierte Öle handelt, da bestimmte Schadstoffe hier nur in geringen Mengen oder gar nicht mehr vorhanden sind.

- **Obst, Gemüse und Vollkorngetreide in Bio-Qualität** sollten Teil der ersten Brei- bzw. Beikost sein. Dabei sollte selbstverständlich darauf geachtet werden, dass die

Bio-Lebensmittel fein püriert bzw. entsprechend dem Alter gedünstet werden und keine groben Stücke mehr vorhanden sind.

Auch glutenhaltiges Bio-Getreide darf im Babybrei bereits mit dem Beikost-Start enthalten sein. Allerdings sollte darauf geachtet werden, hiervon nur eine begrenzte Menge zu verwenden. Im ersten Monat der Breikost-Einführung reicht etwa ein Esslöffel glutenhaltiger Getreideflocken aus.

Darauf sollten Sie achten

Es gibt einige Zutaten, die für die ersten Mahlzeiten noch nicht oder nur bedingt geeignet sind:

- **Kuhmilch und Kuhmilchprodukte:** Kuhmilch und andere Milchprodukte sollten im Speiseplan erst ab dem 6. Lebensmonat und nur in geringen Mengen vorkommen. Das hängt insbesondere damit zusammen, dass Babys, die noch gestillt werden, durch die zusätzliche Kuhmilchgabe mehr Eiweiß erhalten, als ihr Körper verwerten kann. Beim Abbau des zusätzlichen Eiweißes wird Harnstoff gebildet. Dieser kann, kommt er in zu großen Mengen vor, die Nieren belasten. Ab dem 6. Monat können Sie Ihrem Baby ca. 200 ml Bio-Kuhmilch als Mahlzeit zum Beispiel in einem Brei geben, nicht als Trinkmahlzeit aus der Flasche. Verwenden Sie Vollmilch, denn das darin enthaltene Milchfett scheint Allergien vorzubeugen.

- **Kleine oder harte Lebensmittel:** Kleine oder harte Lebensmittel wie Erdnüsse, Rosinen, Johannisbeeren oder sehr klein geschnittenes, festes Obst sind nicht für Babys geeignet. Hier besteht die Gefahr, dass sie eingeatmet werden oder beim Verschlucken in die Luftröhre gelangen.

- **Nüsse im Ganzen:** Die ganzen Kerne sind erst mal tabu, aber gemahlene Nüsse, Nussmehle und Nussmus können ab Beikoststart verwendet werden, wenn in Ihrer Familie keine Nussallergie vorliegt.

- **Sogenannte »prallelastische« Lebensmittel im Ganzen:** Dazu zählen beispielsweise Erbsen, Heidelbeeren, Mais und Trauben in ihrer ganzen runden Form. Hier ist es anfangs besser, diese püriert oder zerdrückt anzubieten.

- **Kohl, Zwiebeln und Hülsenfrüchte:** Diese Lebensmittel können (nicht nur bei Babys) zu Blähungen führen. Sie können Bestandteil der ersten Breie und Mahlzeiten sein, aber achten Sie darauf, wie Ihr Kind diese Lebensmittel verträgt.

- **Rohes Getreide:** Rohes Getreide sollte in den ersten Breimahlzeiten nicht verwendet werden. Es ist besonders schwer verdaulich und kann mit Keimen belastet sein.

- **Honig:** Obwohl er eine angenehme, natürliche Süße verleiht, sollte Honig bei der Zubereitung von Baby-Mahlzeiten nicht eingesetzt werden. Honig kann nämlich Keime eines Bakteriums enthalten, welches sich in Babys Darm ansiedeln und dort Gifte bilden kann.

Der Übergang zum Familientisch

Etwa ab dem 10. bis 12. Lebensmonat ist für viele Kinder der Zeitpunkt gekommen, am Familienessen teilzunehmen und das mitzuessen, was auch alle anderen Familienmitglieder zu sich nehmen. Ab diesem Zeitpunkt kann die Milch- und Breinahrung also schrittweise komplett durch feste Bio-Lebensmittel ersetzt werden. Selbstverständlich werden die festen Lebensmittel dabei so gewürfelt, klein geschnitten oder gehackt, dass auch kleine Kinder sie gut und gefahrlos essen können.

Zu beachten ist dabei allerdings: Nicht immer klappt der Umstieg auf die feste Familienkost auf Anhieb. Manche Kinder brauchen etwas länger, bis sie die neue Geschmacksvielfalt akzeptieren. Das ist nicht schlimm und kein Grund, Druck auf das Kind auszuüben. Vielmehr gewöhnt sich das Kind nach einiger Zeit von allein an die neuen Konsistenzen und Geschmacksrichtungen, wenn ihm – zusätzlich zu Brei und Milch – nun auch feste Nahrung angeboten wird.

Beikostplan – ein Beispiel

Im Folgenden zeige ich Ihnen, wie eine schrittweise Einführung von Breikost und Beikost für Ihr Kind im 1. Lebensjahr aussehen könnte. **Bitte beachten Sie, dass Ihnen diese Übersicht nur zur Orientierung dienen sollte. Jedes Kind ist individuell, hat eigene Geschmacksvorlieben und erkundet die neuen Lebensmittel im eigenen Tempo.**

1. bis 4. Monat:

Muttermilch bzw. Pre-Nahrung

Ab 5. Monat: Start der Beikost mit dem Gemüsebrei zum Beispiel als Mittagsbrei

1. Woche: warmer Gemüsebrei

1 Gemüsesorte plus Raps- oder Beikostöl.
Geeignet sind milde Gemüsesorten wie zum Beispiel Kürbis, Karotten, Pastinaken, Zucchini oder Süßkartoffeln.

Siehe Rezepte ab S. 37.

2. Woche: Gemüse-Kartoffel-Brei oder Gemüse-Getreide-Brei

1 Gemüsesorte, an die sich Ihr Baby bereits in der ersten Woche gewöhnt hat,
+ Kartoffel oder Getreide wie zum Beispiel (Instant-)Haferflocken oder Hirseflocken
+ Fruchtsaft (Apfel-, Birnen- oder Orangensaft – Direktsaft und nicht aus Konzentrat hergestellt)
+ Raps- oder Beikostöl

Siehe Rezepte ab S. 46.

3. Woche: Gemüse-Kartoffel-Brei oder Gemüse-Getreide-Brei mit Zugabe von Fleisch, Fisch oder Eigelb

Der Gemüse-Kartoffel-Brei oder Gemüse-Getreide-Brei wird um eine Portion püriertes Fleisch oder Fisch (ca. 20–30 g) oder ab und zu um 1 Eigelb ergänzt.

In den nächsten Wochen können Sie dann schrittweise andere Getreide-, Gemüse-, Fisch- und Fleischsorten ausprobieren.

Siehe Rezepte ab S. 52.

Ab 6. Monat: Milch-Getreide-Brei zum Beispiel als Abendbrei

Getreide wie etwa (Instant-)Haferflocken oder Hirseflocken plus bis zu 200 ml Vollmilch.

Anfangs können Sie eine Mischung aus 100 ml abgekochtem Wasser und 100 ml Vollmilch verwenden und dann den Milchanteil nach und nach bis zu 200 ml Vollmilch erhöhen.

Beim Getreideanteil sollten Sie auch glutenhaltiges Getreide wie beispielsweise (Instant-)Haferflocken oder Dinkelflocken verwenden. Das verringert das Risiko einer Glutenunverträglichkeit.

Ebenso für den Brei geeignet sind glutenfreie Getreideflocken wie Reisflocken und Hirseflocken.

Siehe Rezepte ab S. 56.

Ab 7. Monat: Obst-Getreide-Brei zum Beispiel als Nachmittagsbrei

Obst-Getreide-Brei beispielsweise aus gekochtem Obstpüree, Getreide, Wasser und Fett in Form von Butter, Nussmus oder Rapsöl.

Siehe Rezepte ab S. 63.

Ab 8. Monat:

Anstatt gekochtem Obstpüree können Sie nun auch rohes Obst fein reiben oder püriert im Getreide-Obst-Brei anbieten.

Ab 9. Monat:

Jetzt darf es meist schon etwas stückiger sein. Breie und Beikost müssen nicht mehr so fein püriert werden oder Sie können nach dem Kochen etwas weiches Gemüse beiseite legen, den Brei pürieren und das weich gegarte Gemüse (Blumenkohl, Zucchini etc.) in kleinen Stücken einrühren. Oft klappt es auch schon mit Fingerfood wie Bananenscheiben, gekochten Nudeln, Butterbrot ohne Rinde, Bananenbrot etc.

Ab 11. Monat:

Immer mehr Familienkost.

Als Frühstück zum Beispiel Getreidebrei/Porridge oder weiche Brotstückchen mit Aufstrich oder Pfannkuchen.

Mittags: gesunde und einfache Familiengerichte, siehe Rezepte ab S. 87.

Für das Abendessen: Brotstückchen und Aufstrich oder Milchbrei etc.

Auf Gewürze wie Salz, Pfeffer etc. und Süßungsmittel wie Haushaltszucker sollte im 1. Lebensjahr komplett verzichtet werden.

Eine grafische Darstellung des Beikostplans und viele weitere nützliche Tipps habe ich Ihnen auf **happyfitfood.de/biobaby** zusammengestellt.

Es muss nicht immer Brei sein: Baby-led weaning

Beim Baby-led weaning – das bedeutet so viel wie »durch das Baby gesteuertes Abstillen« – wird das Stillen ebenfalls durch die Einführung von Beikost ergänzt. Nach und nach findet so die Entwöhnung von der Muttermilch statt. Baby-led weaning meint daher den gesamten Zeitraum von der langsamen Ergänzung des Stillens bis zum vollständigen Umstieg auf feste Kost. Auch Baby-led weaning ist eine Art der Beikost-Einführung – die allerdings komplett ohne das Füttern von Brei auskommt. Klingt erst einmal widersprüchlich – ist aber ein alternativer Weg der Beikostfütterung und funktioniert folgendermaßen:

Beim Baby-led weaning darf das Kind, sobald es Interesse daran zeigt, am Familientisch mitessen. Auch diese besondere Art der Beikost-Einführung wird natürlich weiterhin durch das Stillen ergänzt. Es geht weniger darum, dass das Kind sich satt isst. Vielmehr soll es feste Nahrung auf kindgerechte Weise und in seinem eigenen Tempo kennenlernen dürfen.

Im Gegensatz zur »normalen« Breikost werden dem Kind die Zutaten allerdings meist nicht püriert, sondern in kleinen Portionen und in ihrer regulären Form angeboten. Gut eignen sich hier etwa Gemüsesorten wie gekochte Karotten, Kürbis oder Zucchini. Diese können Babys besonders gut greifen und relativ leicht essen. Gefüttert wird das Baby beim Baby-led weaning ebenfalls nicht. Vielmehr darf es die neuen Lebensmittel ganz allein entdecken und essen.

Übrigens schließt Baby-lead weaning das eigenständige Essen von breiigen Konsistenzen wie zum Beispiel Kartoffelpüree nicht aus.

Welche Vorteile bringt Baby-led weaning?

Beim Baby-led weaning bekommen Kinder die Möglichkeit, schon relativ früh selbstbestimmt am Tisch mitzuessen. Das Füttern des Babys entfällt komplett. So kann die ganze Familie gemeinsam am Tisch sitzen und die Eltern haben nicht erst dann Zeit für ihre Mahlzeit, wenn sie das Kind gefüttert haben.

Selbstverständlich geht es beim Baby-led weaning aber nicht darum, den Eltern das Füttern zu »ersparen«. Vielmehr wird angenommen, dass es das Kind durch das selbstbestimmte Kennenlernen von neuen Lebensmitteln leichter hat, den Zusammenhang zwischen Essen und Sättigungsgefühl zu erlernen.

Das Kennenlernen des Sättigungsgefühls soll hierbei besser als bei der Breifütterung funktionieren. Denn wenn das Kind von den Eltern mit Brei gefüttert wird, kann es leicht passieren, dass die Eltern »über den Hunger hinaus« füttern. Darf das Kind hingegen selbstbestimmt essen, hört es dann damit auf, wenn es nicht mehr hungrig ist. Man geht davon aus, dass sich so unter anderem Übergewicht im späteren Leben vorbeugen lässt. Außerdem soll das selbstbestimmte Essen Eigenständigkeit und Selbstvertrauen des Kindes fördern.

Welche Obst- und Gemüsesorten sind für das 1. Lebensjahr geeignet?

Diese Aufstellung bietet einen Überblick darüber, ab welchem Zeitpunkt welche Obst- und Gemüsesorten für Ihr Baby geeignet sind. Es sind Empfehlungen, die sich allgemein auf die Verträglichkeit bei Babys beziehen. Aber auch hier gilt: Jedes Kind ist unterschiedlich, hat bestimmte Geschmacksvorlieben oder verträgt bestimmte Lebensmittel besser oder vielleicht auch nicht so gut. Gerade anfangs sollten Sie die Gemüse- oder Obstsorten im Brei nicht zu schnell wechseln (siehe Beikostplan S. 23). So kann sich Ihr Baby an den neuen Geschmack gewöhnen und Sie können auch schnell zuordnen, ob ein Lebensmittel Ihrem Kind Probleme verursacht (Bauchschmerzen, wunder Po etc.).

Bio-Gemüse und -Hülsenfrüchte

ab 5. Monat:

Kürbis, Karotten, Pastinaken, Zucchini, Süßkartoffeln

ab 7. Monat:

Blumenkohl, Brokkoli, Fenchel, Kohlrabi, Sellerie, Mais

ab 8. Monat:

Zwiebeln und Hülsenfrüchte wie z. B. Linsen, Bohnen, Kichererbsen können Blähungen verursachen. Sie können mit kleinen Mengen beginnen und sollten die Verträglichkeit beobachten.

ab 9. Monat:

Erbsen, Spinat, Rote Bete, Aubergine

Auberginen, Fenchel, Spinat und Rote Bete haben einen hohen Nitratgehalt und sollten nicht eingefroren und wieder aufgewärmt werden.

Da Tomaten relativ viel Säure enthalten und eher schwer verdaulich sind, werden sie erst ab dem 10./11. Monat empfohlen. Tomatenmark und Dosentomaten in kleineren Mengen werden in unseren Familienrezepten schon ab dem 7. Monat verwendet und sind in der Regel gut verträglich.

Bio-Obst

ab 5. Monat:

Äpfel, Avocados, Bananen, Birnen, Pflaumen

ab 7. Monat:

Aprikosen, Heidelbeeren, Nektarinen, Pfirsiche

ab 9. Monat:

Erdbeeren, Himbeeren, Kiwi, Melone, Mango

ab 11. Monat:

Ananas, Weintrauben

Auf **happyfitfood.de/biobaby** können Sie sich eine ausführliche Übersicht mit den Lebensmittel-Empfehlungen für Ihr Baby herunterladen.

Auf Unverträglichkeiten individuell reagieren

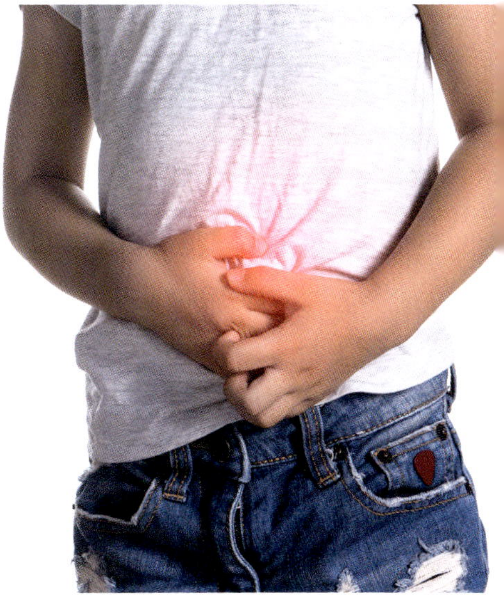

Ständig wiederkehrende Bauchschmerzen, gerötete und juckende Hautstellen oder häufiger Durchfall – sind kleine Kinder von solchen Beschwerden betroffen, gehen viele Eltern von einer Allergie aus. Und tatsächlich: Hinter solchen Symptomen können sich Lebensmittelunverträglichkeiten oder -allergien verbergen.

Wichtig zu wissen ist allerdings: Milch- oder Fruchtzucker sowie Gluten lösen keine Allergien, sondern Unverträglichkeiten aus. Das bedeutet, dass diese Stoffe vom Körper nicht ordnungsgemäß verwertet werden können. Die »fehlerhafte« Verwertung hat dann häufig Bauchschmerzen, Blähungen oder Durchfall zur Folge.

Lebensmittelallergien hingegen sind dadurch gekennzeichnet, dass schon kleine Mengen des allergieauslösenden Lebensmittels eine starke Immunreaktion hervorrufen. Diese Immunreaktionen können dabei aus Jucken und Brennen im Mundraum, aber auch aus Atemnot bestehen. Treten Allergiebeschwerden nach dem Essen auf, ist es wichtig, sofort einen Kinderarzt zu konsultieren.

Zeigen kleinere Kinder jedoch Symptome einer Lebensmittelunverträglichkeit, lässt sich das Problem leichter in den Griff bekommen. Schließlich kann das »schuldige« Lebensmittel einfach weggelassen oder nur in geringen Mengen, die keine Beschwerden auslösen, konsumiert werden. Das gelingt selbstverständlich am leichtesten, wenn Babymahlzeiten selbst zubereitet werden. Schließlich wissen Eltern dann genau, was in Brei und Co. steckt, und können Lebensmittel meiden, die Unverträglichkeiten hervorrufen.

Die häufigsten Lebensmittelunverträglichkeiten, die schon bei kleinen Kindern auftreten können, sind:

- **Laktoseintoleranz:** Liegt eine Laktoseintoleranz vor, kann der in Milchprodukten enthaltene Milchzucker (Laktose) über den Dünndarm nicht ausreichend aufgenommen werden. Er gelangt daher in den Dickdarm und kann Wasser anziehen. Hierdurch kommt es oft zu Durchfall, Blähungen und Bauchschmerzen.

- **Fruktoseintoleranz:** Fruktoseintoleranz (auch Fruktose-Malabsorption genannt) kommt besonders oft bei Kindern vor und verursacht Bauchschmerzen. Diese können entstehen, weil die in Obst, Honig und vielen Fertiglebensmitteln enthaltene Fruktose im Dünndarm nicht ausreichend absorbiert werden kann. Um den Beschwerden zu begegnen, muss der Konsum von Fruktose sowie von Haushaltszucker reduziert werden. Schließlich weist auch Haushaltszucker (Saccharose) nicht unerhebliche Mengen an Fruktose auf.

- **Zöliakie:** Bei der Zöliakie – oder auch Glutenintoleranz – vertragen Betroffene das in Getreideprodukten aus Dinkel, Roggen, Weizen, Gerste und Hafer enthaltene Gluten nicht. Wird es dennoch aufgenommen, reagiert der Darm mit einer Entzündung. Diese führt zu Blähungen oder Bauchschmerzen und kann die Aufnahme anderer Nährstoffe hemmen.

Deshalb ist selbst zubereitete Bio-Kost die bessere Wahl

Selbst gekochte Mahlzeiten aus Bio-Lebensmitteln versorgen Klein und Groß optimal mit allen wichtigen Nährstoffen und helfen dabei, die ganze Familie bestmöglich vor schädlichen Umweltgiften genauso wie vor allergie- und unverträglichkeitsauslösenden Stoffen zu schützen.

Auf den nachfolgenden Seiten finden Sie leckere Rezepte mit Bio-Zutaten vom Babybrei bis zu den ersten Mahlzeiten, die sich auch prima mit der Familienküche vereinbaren lassen. Um den Kochaufwand gering zu halten, zeige ich Ihnen viele Kombirezepte. Mit ein paar einfachen Handgriffen wird aus den Zutaten dann gleich noch ein leckeres Essen für die Großen.

Zu den Rezepten

Die Rezepte sind oft für einen Erwachsenen und ein Kind/Baby konzipiert. Verdoppeln Sie die Portionen einfach nach Bedarf, zum Beispiel beim Kochen für eine vierköpfige Familie.

Infos zu verwendeten Produkten wie zum Beispiel salzfreie Gemüsebrühe und Zusatzrezepte finden Sie auf meiner Bonusseite zum Buch auf **happyfitfood.de/biobaby.**

Brei mit *Gemüse, Obst, Fleisch, Fisch* und mehr

Gemüsebrei

Der erste Babybrei besteht aus einer gedünsteten und pürierten, milden Gemüsesorte, die mit Öl angereichert wird. Fettlösliche Vitamine können durch die Kombination mit Öl besser aufgenommen werden.

Früher war der erste Brei meist Karottenbrei. Da er allerdings zu Verstopfung führen kann, sind für den Start zum Beispiel Pastinake, Süßkartoffel oder Kürbis auch sehr gut geeignet.
Ich empfehle, die Zutaten für den Brei meist zu dünsten, beispielsweise mit einem einfachen Dünsteinsatz. Aber man kann die Lebensmittel auch mit etwas Wasser in einem Topf kochen.
Bei der Herstellung des Breis können Sie immer etwas (Gar-)Wasser hinzufügen, mitpürieren oder danach einrühren, je nachdem, welche Konsistenz der Brei haben soll. Bitte verwenden Sie dazu das Gemüse-Garwasser oder abgekochtes Wasser.
Eine Gemüsebrei-Portion für die ersten Monate wird mit 100 g angegeben. Wenn Sie den Brei einfrieren, sollten Sie 1 TL Öl erst nach dem Auftauen und Erwärmen bzw. kurz vor dem Verzehr einrühren.

Gerade am Anfang der Beikost nimmt das Baby, neben Stillen oder Säuglingsnahrung, erst mal nur ein paar Löffel zu sich, das entspricht vielleicht 20–30 g. Kochen Sie einfach das Grundrezept von S. 37 und rühren Sie das Öl ein. Bieten Sie den Brei Ihrem Baby an, bewahren Sie einen Teil für den nächsten Tag in einem kleinen Behälter verschlossen im Kühlschrank auf und frieren Sie den Rest in kleinen Portionen, etwa in Eiswürfelbehältern, ein. Hier brauchen Sie dann nach dem Auftauen kein Öl mehr hinzuzufügen. Wenn Ihr Baby die Gemüsesorte gut verträgt und mehr Brei essen will, können Sie größere Portionen kochen und einfrieren und dazu übergehen, jeweils vor dem Verzehr 1 TL Öl pro 100 g Gemüsepüree einzurühren.

Wichtig:

Achten Sie immer darauf, den Brei auf Esstemperatur abkühlen zu lassen.

Gemüsebrei
ab dem 5. Monat – Grundrezept

Probieren Sie in der 1. Woche Beikoststart nur 1 Gemüsesorte aus und bleiben Sie dabei.

Für 1 Portion Babybrei ab dem 5. Monat

Zutaten:
100 g Gemüse (z. B. Karotten, Süßkartoffeln etc.)
1 TL Raps- oder Beikostöl

1. Gemüse waschen, schälen und in kleine Stücke schneiden.
2. Etwas Wasser in einen Topf füllen und den Dampfgareinsatz hineinstellen. Die Gemüsestücke hineingeben und in 10–15 Minuten weich garen.
3. Gemüse herausnehmen, in einer Schüssel mit dem Stabmixer pürieren, dabei evtl. noch 1–3 EL Garwasser oder abgekochtes Wasser zufügen und mitpürieren.
4. Brei auf Esstemperatur abkühlen lassen und vor dem Verzehr das Öl einrühren.

Tipps:

Eine Übersicht, welches Gemüse für das Alter Ihres Babys geeignet ist, finden Sie auf S. 28.

Das Gemüsepüree können Sie portionsweise zum Beispiel in Eiswürfelbehältern einfrieren. Das Öl möglichst immer erst nach dem Erwärmen und kurz vor dem Verzehr einrühren.

Pastinakenbrei/-püree

Pastinakenbrei

Für 4 Portionen Babybrei ab dem 5. Monat

Zutaten:
400 g Pastinaken
4 TL Raps- oder Beikostöl

1. Pastinaken waschen, schälen und in kleine Stücke schneiden.
2. Etwas Wasser in einen Topf einfüllen und den Dampfgareinsatz hineinstellen. Die Gemüsestücke hineingeben und in 10–15 Minuten weich garen.
3. Pastinaken herausnehmen, in einer Schüssel mit dem Stabmixer pürieren, evtl. noch 1–3 EL Garwasser oder abgekochtes Wasser zufügen, bis die gewünschte Konsistenz erreicht ist.
4. Brei auf Esstemperatur abkühlen lassen und vor dem Verzehr jeweils 1 TL Öl pro Portion (ca. 100 g) einrühren.

Pastinakenpüree

Für 1 Portion Püree für 1 Kind/Baby ab dem 7. Monat und 1 Erwachsenen

Zutaten:

400 g gedünstete Pastinaken (siehe S. 38, Zubereitungsschritte 1–2)
1 TL Butter
Salz, Pfeffer, gemahlene Muskatnuss nach Belieben
optional: gehackte Kräuter, z. B. Petersilie

1. Pastinaken und Butter in einer Schüssel mit dem Stabmixer pürieren.
2. Eine Baby-/Kinderportion abnehmen und die Erwachsenenportion nach Belieben mit Salz, Pfeffer und Muskatnuss würzen, evtl. frisch gehackte Kräuter unterheben.

Tipps:

Pastinakenbrei kann man zum Beispiel auch in Soßen einrühren, ins Hackfleisch für Bratlinge mischen oder als Brotaufstrich verwenden.

Für Baby-Fingerfood bzw. Baby-led weaning Pastinaken in Streifen schneiden, dünsten und als Fingerfood anbieten. Oder den Großteil der gedünsteten Gemüsestreifen pürieren, den Rest in kleinere Stückchen schneiden und unter den Brei heben.

Kürbisbrei/-spalten

Kürbisbrei

Für 4 Portionen Babybrei ab dem 5. Monat

Zutaten:
400 g Kürbis, z. B. Hokkaido
4 TL Raps- oder Beikostöl

1. Backofen auf 180 °C Umluft vorheizen.
2. Kürbis waschen, entkernen und in Spalten schneiden.
3. Spalten auf ein mit Backpapier ausgelegtes Backblech legen und im Ofen in 30–40 Minuten weich garen.
4. Aus dem Ofen nehmen und abkühlen lassen. Kürbis in kleine Würfel schneiden und in einer Schüssel mit dem Stabmixer pürieren.
5. Brei auf Esstemperatur abkühlen lassen und vor dem Verzehr jeweils 1 TL Öl pro Portion (ca. 100 g) einrühren.

Tipps:

Die Schale des Hokkaido-Kürbis kann man grundsätzlich mitgaren und mitessen, da sie nach dem Kochen oder Backen weich ist.

Alternativ den Kürbis in kleine Stücke schneiden und in einem Topf mit etwas Wasser weich dünsten. Im Ofen gegart schmeckt er aber besonders aromatisch.

Kürbisspalten

Für 1 Portion für 1 Kind/Baby ab dem 6. Monat und 1 Erwachsenen

Zutaten:

400 g Kürbisstücke (siehe S. 43, Zubereitungsschritte 1–2)
1–2 EL Rapsöl
Salz, Pfeffer, edelsüßes und rosenscharfes Paprikapulver nach Belieben
optional: 1 EL gehackte Kräuter, z. B. Thymian

1. Backofen auf 180 °C Umluft vorheizen.
2. Kürbisstücke in eine Schüssel geben und mit dem Öl vermischen.
3. Für die Babyportion ⅓ der Gemüsestücke in eine kleine Auflaufform geben.
4. Die restlichen ⅔ nach Belieben würzen und auf ein mit Backpapier belegtes Backblech legen. Dabei Platz für die Auflaufform lassen oder alternativ 2 Backbleche verwenden.
5. Kürbis auf dem Blech und in der Auflaufform in den Ofen geben und in 30–40 Minuten weich garen.
6. Aus dem Ofen nehmen und abkühlen lassen.

Tipps:

Weich gegarte Kürbisspalten (ohne Gewürze etc.) sind ein idealer Einstieg für das erste Baby-Fingerfood bzw. für Baby-led weaning. Zur Erwachsenenportion schmeckt Kräuterquark gut.

Gemüse-Kartoffel-Brei oder Gemüse-Getreide-Brei

ab dem 5. Monat – Grundrezept

Hat Ihr Baby den Gemüsebrei in der 1. Woche gut vertragen, können Sie ihn ab der 2. Woche mit 50 g Kartoffel oder 15 g Getreideflocken erweitern.

Für 1 Portion Babybrei ab dem 5. Monat

Zutaten:

100 g Gemüse, z. B. Pastinaken, Kürbis, Süßkartoffeln, Zucchini, Karotte
50 g Kartoffel oder 15 g Getreideflocken, z. B. (Instant-)Haferflocken oder Dinkelflocken
1 EL Raps- oder Beikostöl
1–2 EL Fruchtdirektsaft, z. B. Apfel- oder Orangensaft

1. Gemüse waschen, schälen und in kleine Stücke schneiden.
2. Etwas Wasser in einen Topf einfüllen und den Dampfgareinsatz hineinstellen. Die Gemüsestücke hineingeben und in 10–15 Minuten. weich garen.
3. Gemüse herausnehmen und in einer Schüssel mit dem Stabmixer pürieren, dabei evtl. noch 1–3 EL Garwasser oder abgekochtes Wasser zufügen und mitpürieren. Falls statt Kartoffel Instant-Getreideflocken verwendet werden, diese jetzt einrühren und quellen lassen.
4. Brei auf Esstemperatur abkühlen lassen und direkt vor dem Verzehr Öl und Saft einrühren.

Tipps:

Eine Übersicht, welches Gemüse für das Alter Ihres Babys geeignet ist, finden Sie auf S. 28. Gemüse-Kartoffel-Brei können Sie portionsweise zum Beispiel in Eiswürfelbehältern einfrieren. Öl und Saft möglichst immer erst nach dem Erwärmen und kurz vor dem Verzehr einrühren.

Gemüse-Getreide-Brei sollte immer frisch zubereitet werden. Oder eingefrorenen Gemüsebrei verwenden, beim Erwärmen Instant-Haferflocken (wichtig, da diese sich schnell auflösen) hinzufügen und kurz vor dem Verzehr Öl und Saft einrühren. Sollen herkömmliche Getreideflocken (keine Instant) zum Einsatz kommen, also etwa zarte Hafer-, Hirse- oder Dinkelflocken, empfiehlt es sich, das Gemüse mit ca. 100 ml Wasser im Topf zu garen und die Flocken 5–7 Minuten mitköcheln zu lassen, damit sie weich werden. Dann alles pürieren und Öl und Fruchtsaft einrühren – fertig.

Kartoffelbrei/-püree

Kartoffelbrei

Für 4–8 Portionen Babybrei ab dem 5. Monat
(z. B. 8 Portionen à 50 g für Gemüse-Kartoffel- oder Gemüse-Kartoffel-Fleischbrei)

Zutaten:
400 g mehligkochende Kartoffeln
4 TL Raps- oder Beikostöl

1. Kartoffeln waschen, schälen und in kleine Stücke schneiden.
2. Etwas Wasser in einen Topf einfüllen und einen Dampfgareinsatz hineinstellen. Die Kartoffelstücke hineingeben und in 15–20 Minuten weich garen.
3. Kartoffeln herausnehmen, in einer Schüssel mit dem Stabmixer pürieren und dabei evtl. noch 1–3 EL Garwasser oder abgekochtes Wasser hinzufügen, bis die gewünschte Konsistenz erreicht ist.
4. Brei auf Esstemperatur abkühlen lassen und vor dem Verzehr jeweils 1 TL Öl pro Portion einrühren.

Wenn Sie mehrere Gemüsesorten separat zu Babybrei verkochen, zum Beispiel Kürbisbrei (S. 43) und Kartoffelbrei (S. 49), und einfrieren, können Sie beides ganz einfach in der gewünschten Menge zusammen erwärmen und vermischen.

Kartoffelpüree

1 Portion Püree für 1 Kind/Baby ab dem 7. Monat und 1 Erwachsenen

Zutaten:

400 g gedünstete Kartoffeln (siehe S. 49, Zubereitungsschritte 1–2)
1 TL Butter
Salz, Pfeffer, gemahlene Muskatnuss nach Belieben
optional: gehackte Kräuter, z. B. Petersilie

1. Kartoffeln und Butter in einer Schüssel mit dem Stabmixer pürieren.
2. Eine Baby-/Kinderportion abnehmen und die Erwachsenenportion nach Belieben mit Salz, Pfeffer und Muskatnuss würzen und evtl. frisch gehackte Kräuter unterheben.

Tipps:

Dazu schmecken Frikadellen oder Gemüse-Hackfleisch-Bällchen (S. 129).

Für Baby-Fingerfood bzw. Baby-led weaning können Sie die Kartoffeln zum Beispiel mit Karotten in grobe Stücke schneiden, dünsten und dem Baby anbieten.

Gemüse-Kartoffel/Getreide-Brei mit Fleisch oder Fisch

ab dem 5. Monat – Grundrezept

Ab der 3. Woche nach Beikosteinführung können Sie dem gewohnten Gemüse-Kartoffel-Brei oder Gemüse-Getreide-Brei noch ca. 20–30 g Fleisch oder Fisch hinzufügen.

Für 1 Portion Babybrei ab dem 5. Monat

Zutaten:

100 g Gemüse, z. B. Pastinaken, Kürbis, Süßkartoffeln, Zucchini, Karotte
50 g Kartoffel oder 15 g Getreideflocken, z. B. (Instant-)Haferflocken oder Dinkelflocken
*20–30 g Fleisch oder Fisch**
1 EL Raps- oder Beikostöl
1–2 EL Fruchtdirektsaft, z. B. Apfel- oder Orangensaft

1. Gemüse waschen, schälen und in kleine Stücke schneiden.
2. Fleisch oder Fisch säubern und klein würfeln.
3. Gemüsestücke mit Fleisch/Fisch oder Gemüsestücke mit Getreideflocken (je nachdem, welcher Brei es sein soll) mit ca. 100 ml Wasser in einen Topf geben und bei mittlerer Hitze weich kochen. Dann mit dem Garwasser mithilfe eines Stabmixers pürieren. Eventuell noch etwas abgekochtes Wasser zufügen, bis die gewünschte Konsistenz erreicht ist.
4. Brei auf Esstemperatur abkühlen lassen und direkt vor dem Verzehr Öl und Saft einrühren.

* Empfehlung für Fleisch und Fisch: Für die Zubereitung von Babybrei ist mageres Fleisch geeignet: Hähnchenbrust, Putenbrust, mageres Lamm, mageres Schweinefleisch (Lende), mageres Rindfleisch, Tatar und mageres Kalbfleisch. Bei Fisch darf es ruhig fettreich sein: Forelle, Kabeljau, Lachs, Makrele, Scholle, Seelachs. Sie können auch TK-Fisch verwenden.

Generell sollten Breie und Mahlzeiten mit Fisch, aber auch Getreide, frisch gekocht und sofort verzehrt werden.

Fleisch ist eine gute Eisenquelle. Es sollte 2–3 Mal pro Woche im Brei enthalten sein. 1–2 Mal pro Woche sollte Fisch auf dem Speiseplan stehen. Machen Sie sich keine Sorgen, wenn Ihr Baby Fleisch und Fisch konsequent verweigert. Bieten Sie es immer wieder im gewohnten Gemüse-Getreide- bzw. Gemüse-Kartoffel-Brei mit an. Geschmacksvorlieben ändern sich bei Kindern ganz schnell. Ansonsten ist es nicht zwingend notwendig für die Ernährung Ihres Babys, im 1. Jahr Fleisch und Fisch zu essen. Achten Sie auf eisenreiche pflanzliche Nahrungsmittel in Verbindung mit Vitamin-C-reichem Fruchtsaft oder Obst. So können Sie die Aufnahme von Eisen durch pflanzliche Lebensmittel unterstützen. Ab dem 8. Monat können Sie anstelle des Saftes auch etwas rohes, geriebenes Obst wie Apfel oder Birne hinzufügen.

Tipps:

Falls Sie Instant-Haferflocken verwenden, können Sie das Gemüse erst garen und pürieren, dann die Instant-Flocken einrühren und 2 Minuten quellen lassen. Auch hier lässt sich nach dem Baukasten-Prinzip wieder aus dem vorgekochten TK-Vorrat ganz einfach ein Brei zusammenstellen, zum Beispiel 100 g Pastinakenbrei (S. 38), 50 g Kartoffelbrei (S. 49) und 30 g Fleisch auf Vorrat (S. 55) erwärmen und vermischen, 1 EL Öl und 1–2 EL Fruchtsaft einrühren – fertig.

Fleisch auf Vorrat

Für 5 Portionen Fleisch auf Vorrat für Babybrei ab dem 5. Monat

Zutaten:

150 g Fleisch, z. B. Hähnchenbrust, Putenbrust, mageres Lamm, mageres Schweinefleisch (Lende), mageres Rindfleisch, Rinderfilet, Tatar, mageres Kalbfleisch

1. Fleisch säubern und klein würfeln. Verwenden Sie auch hier immer nur eine Fleischsorte.
2. Fleisch mit 100 ml Wasser in einen Topf geben und in 5–20 Minuten (je nach Fleischsorte) weich garen.
3. Fleisch durch ein Sieb abgießen, dabei das Garwasser auffangen. Fleisch mit 1–3 EL Garwasser oder abgekochtem Wasser in eine Schüssel geben und mithilfe des Stabmixers pürieren.
4. Fleischbrei in Portionen von 25–30 g z. B. in Eiswürfelbehältern einfrieren.

Milch-Getreide-Brei

Ab dem 6. Monat verträgt Ihr Baby bis zu 200 ml Vollmilch (3,5 % Fett) pro Tag als Zutat in einem Milch-Getreide-Brei (nicht als separate Trinkmahlzeit). Anfangs können Sie für den Milchbrei eine Mischung aus 100 ml Wasser und 100 ml Vollmilch verwenden und dann langsam die Milchmenge erhöhen. Nur falls Sie und Ihr Partner Allergiker sind bzw. Ihr Kinderarzt davon abrät, können Sie den Brei mit hypoallergener Milchnahrung (HA-Nahrung) zubereiten. Milch-Getreide-Brei wird als Abendmahlzeit für Ihr Baby empfohlen. Er schmeckt aber auch Erwachsenen. Dann einfach die doppelte Menge zubereiten und etwa als Nachtisch genießen.

Milch-Getreide-Brei ab dem 6. Monat – Grundrezept

Nach ca. 4 Wochen der Beikosteinführung als Abendbrei

Für 1 Portion Babybrei ab dem 6. Monat

Zutaten:

200 ml Vollmilch (3,5 % Fett bzw. eine Mischung aus 100 ml Vollmilch und 100 ml Wasser, dann den Milchanteil langsam bis auf 200 ml erhöhen)

25 g Instant-Getreideflocken, z. B. Hafer- oder Dinkelflocken

2 EL Fruchtsaft, z. B. Apfel- oder Orangensaft, oder Obstpüree, z. B. gedünsteter Apfel oder Birne

1. Milch bzw. Milch-Wasser-Mischung in einem Topf erhitzen, Instant-Getreideflocken einrühren und vorsichtig aufkochen lassen. Unter Rühren ca. 3 Minuten bei mittlerer Hitze köcheln.
2. Brei etwas abkühlen lassen und Fruchtsaft oder Obstpüree einrühren.

Tipps:

Milch-Getreide-Breie lassen sich nicht einfrieren und sollten immer frisch zubereitet werden. Anstelle der Instant-Getreideflocken können Sie auch zum Beispiel zarte Hafer-, Hirse-, Dinkelflocken, Grieß oder Reis verwenden. Diese Zutaten 5–7 Minuten mitköcheln lassen, damit sie weich werden. Dann alles zusammen pürieren. Das Stückchen Frucht können Sie auch direkt mit Milch und Getreideflocken mitdünsten und dann alles pürieren. Eine Übersicht, welches Obst für das Alter Ihres Babys geeignet ist, finden Sie auf S. 29.

Ab dem 8. Monat können Sie fein geriebenes oder zerdrücktes Obst anstatt gedünstetem zum Getreide-Brei hinzufügen.

Birne-Grieß-Milch-Brei

Für 1 Portion Babybrei ab dem 6. Monat

Zutaten:
30 g Birne
200 ml Vollmilch (3,5 % Fett)
20 g Dinkelgrieß

1. Birne waschen, Kerngehäuse entfernen und Fruchtfleisch in Stücke schneiden.
2. Milch in einen kleinen Topf gießen und Grieß einrühren. Birne hinzufügen und alles unter ständigem Rühren in 3–5 Minuten bei geringer Hitze köcheln lassen.
3. Dann mit dem Stabmixer pürieren und auf Esstemperatur abkühlen lassen.

Tipps:

Anstatt der Birne können Sie auch den Grießbrei kochen, etwas abkühlen lassen und dann 3 EL Apfel-Birnen-Brei (S. 68) oder Birnen-Direktsaft vor dem Verzehr einrühren.

Getreidebreie lassen sich nicht einfrieren und sollten frisch zubereitet und verzehrt werden. Dinkelgrieß können Sie auch durch Weizengrieß ersetzen.

Aprikosen-Hafer-Milch-Brei

Für 1 Portion Babybrei ab dem 7. Monat

Zutaten:
30 g Aprikosen
200 ml Vollmilch (3,5 % Fett)
20 g Haferflocken

1. Aprikosen waschen, entsteinen und in kleine Stücke schneiden.
2. Milch in einen kleinen Topf gießen, Haferflocken und Aprikosen hinzufügen und unter ständigem Rühren in ca. 5 Minuten bei geringer Hitze weich kochen.
3. Dann mit dem Stabmixer pürieren und auf Esstemperatur abkühlen lassen.

Tipps:

Getreidebreie lassen sich nicht einfrieren und sollten frisch zubereitet werden.

Anstatt Haferflocken eignen sich auch Dinkel-, Reis- oder Hirseflocken.

Tipps:

Obst-Getreide-Breie lassen sich nicht einfrieren und sollten frisch zubereitet werden. Anstelle der Instant-Getreideflocken können Sie auch zarte Hafer-, Hirse- oder Dinkelflocken verwenden. Diese dann einfach mit Obst und Wasser weich kochen und danach alles pürieren. Eine Übersicht, welches Obst für das Alter Ihres Babys geeignet ist, finden Sie auf S. 29.

Ab dem 8. Monat können Sie statt des gedünsteten Obstes auch fein geriebenes oder zerdrücktes Obst zum Getreide-Brei hinzufügen. Also einfach 50 ml Wasser erhitzen, 20 g Instant-Getreideflocken einrühren und quellen lassen, dann beispielsweise 100 g geriebenen Apfel hinzufügen und 1 TL Öl einrühren.

Obst-Getreide-Brei

Dieser Brei ist milchfrei und wird als Nachmittagsbrei empfohlen. Da er auch Erwachsenen schmeckt, einfach die doppelte Menge zubereiten und zum Beispiel als Nachtisch genießen.

ab dem 7. Monat – Grundrezept

Für 1 Portion Babybrei ab dem 7. Monat

Zutaten:

100 g Obst, z. B. Apfel oder Birne
20 g Instant-Getreideflocken, z. B. Hafer- oder Dinkelflocken oder ungesüßter Zwieback
1 TL Rapsöl, Butter oder Nussmus

1. Obst waschen, Kerngehäuse entfernen und Fruchtfleisch in kleine Stücke schneiden.
2. Obststücke mit 100 ml Wasser in einen Topf geben und in 5–7 Minuten weich kochen. Dann mit dem Stabmixer pürieren.
3. Brei etwas abkühlen lassen, Instant-Getreideflocken einrühren und quellen lassen, bis die Esstemperatur erreicht ist.
4. Kurz vor dem Verzehr Öl, Butter oder Nussmus einrühren.

Apfel-Bananen-Zwieback-Milch-Brei

Für 1 Portion Babybrei ab dem 7. Monat

Zutaten:

50 g Apfel
2 Scheiben Vollkornzwieback ohne Zucker (ca. 20 g)
50 g Banane
1 TL Rapsöl, Butter oder Nussmus

1. Apfel waschen, Kerngehäuse entfernen und Fruchtfleisch in kleine Stücke schneiden.
2. Apfelstücke mit 100 ml Wasser in einen Topf geben und in 5–7 Minuten weich kochen.
3. Zwieback dazubröseln und kurz quellen lassen.
4. Banane schälen, in Stücke schneiden und ebenfalls hinzufügen. Alles mit dem Stabmixer pürieren.
5. Kurz vor dem Verzehr Öl, Butter oder Nussmus einrühren.

Tipps:

Getreidebreie lassen sich nicht einfrieren und sollten frisch zubereitet werden. Eine Übersicht, welches Obst für das Alter Ihres Babys geeignet ist, finden Sie auf S. 29.

Heidelbeer-Banane-Dinkel-Brei

Für 1 Portion Babybrei ab dem 7. Monat

Zutaten:

50 g Heidelbeeren
20 g Instant-Getreideflocken, z. B. Dinkel-, Hafer- oder Hirseflocken
50 g Banane
1 TL Rapsöl, Butter oder Nussmus

1. Heidelbeeren waschen.
2. Heidelbeeren und 100 ml Wasser in einen Topf geben und in 5–7 Minuten weich kochen.
3. Instant-Getreideflocken hinzufügen und alles mit dem Stabmixer pürieren.
4. Banane schälen und in Stücken zum Brei in den Topf geben, alles nochmal pürieren und Brei auf Esstemperatur abkühlen lassen.
5. Kurz vor dem Verzehr Öl, Butter oder Nussmus einrühren.

Tipps:

Getreidebreie lassen sich nicht einfrieren und sollten frisch zubereitet werden. Anstelle der Instant-Getreideflocken können Sie auch zarte Hafer-, Hirse- oder Dinkelflocken verwenden. Diese dann einfach etwas länger (mit den Heidelbeeren) mitkochen, bis sie weich werden, und evtl. die Wassermenge erhöhen. Eine Übersicht, welches Obst für das Alter Ihres Babys geeignet ist, finden Sie auf S. 29.

Obstbrei

Ein Obstbrei sollte keine vollständige Mahlzeit für ein Baby darstellen.

Die nachfolgenden Obstbreie können Sie sehr gut auf Vorrat kochen, einfrieren und zum Einrühren in Milch-Getreide-Brei, Obst-Getreide-Brei, Obst-Gemüse-Brei oder als süßes Mus zu Mehlspeisen verwenden.

Apfel-Birnen-Brei

Für 4 Portionen Babybrei ab dem 5. Monat oder 1 Kind/Baby und 1 Erwachsenen

Zutaten:

250 g Äpfel (säurearme Sorten wie z. B. Jonagold, Golden Delicious oder Gala)
150 g Birnen
3–4 EL Apfel-Direktsaft oder Wasser

1. Äpfel und Birnen waschen, schälen und die Kerngehäuse entfernen. Dann Fruchtfleisch in kleine Stücke schneiden.
2. Obststücke mit Apfelsaft in einen Topf geben und in 5–8 Minuten weich garen. Eventuell noch etwas Wasser zum Garen hinzufügen.
3. Danach alles mit dem Stabmixer pürieren.

Tipps:

Für Erwachsene kann der Brei etwa mit Zimt verfeinert werden. Dieser Apfel-Birnen-Brei schmeckt zum Beispiel zu den Kartoffel-Karotten-Klecksen (S. 125), zu Mehlspeisen wie Waffeln (S. 161) und Pfannkuchen (S. 78) oder als Aufstrich auf Brot mit Butter und Frischkäse.

Obstbrei roh oder gekocht auf Vorrat

Für ca. 4–10 Portionen Obstbrei auf Vorrat für das Baby – gekocht ab dem 5. Monat, roh bzw. gerieben ab dem 7. Monat

Zutaten:

500 g Obst, z. B. Apfel, Birne, Nektarinen, Heidelbeeren (nur 1 Sorte verwenden)

1. Obst waschen, evtl. entkernen und in kleine Stücke schneiden.
2. Für rohen Obstbrei die Obststücke in einer Schüssel mit dem Stabmixer pürieren. Für gekochten Obstbrei etwas Wasser in einen Topf füllen und einen Dampfgareinsatz hineinstellen. Obststücke hineingeben und in 5–10 Minuten weich garen, dann herausnehmen und in einer Schüssel mit dem Stabmixer pürieren.
3. Brei in Eiswürfelformen oder kleinen Brei-Behältern in der gewünschten Portion einfrieren und zum Beispiel für Milch-Getreide-Brei oder Obst-Getreide-Brei verwenden.

Tipps:

Eine Übersicht, welches Obst für das Alter Ihres Babys geeignet ist, finden Sie auf S. 29.

Der Brei schmeckt zum Beispiel zu Mehlspeisen wie Waffeln (S. 161) und Pfannkuchen (S. 78) oder auch als Aufstrich auf Brot mit Butter und Frischkäse.

Frühstück und Süßspeisen

Milchreis

Für 1 Kind/Baby ab dem 9. Monat und 1 Erwachsenen

Zutaten:

100 g Milchreis
450 ml Vollmilch (3,5 % Fett)
Dattelsüße (S. 183) oder Süßungsmittel und Zimt nach Belieben

1. Milchreis in einem Sieb mit Wasser durchspülen und abtropfen lassen.
2. Milch in einen Topf geben und kurz aufkochen lassen.
3. Dann Milchreis einrühren und auf mittlerer Stufe und unter gelegentlichem Rühren in 30–40 Minuten weich kochen.
4. Die Erwachsenenportion nach Belieben süßen und mit Zimt bestreuen.

Tipps:

Dazu schmecken pürierte Beeren wie Erdbeeren, Himbeeren oder Apfelmus.

Für einen **Milchreis-Apfel-Brei** (ab dem 9. Monat) können Sie einfach eine ungesüßte Portion vom Milchreis-Grundrezept abnehmen (ca. 150 g) und 2 EL Apfel-Direktsaft oder Apfelmus einrühren, evtl. noch pürieren – fertig.

Für Baby-led weaning gedünstete Apfelstücke zum Milchreis reichen.

Kokos-Milchreis-Bällchen

Für 1 Kind/Baby ab dem 9. Monat und 1 Erwachsenen als Zwischenmahlzeit

Zutaten:

ca. 250 g gekochter Milchreis bzw. die Hälfte vom Milchreis Grundrezept S. 74
3–4 EL Kokosraspel
Dattelsüße (S. 183) oder Süßungsmittel und Zimt nach Belieben

1. Milchreis ein paar Stunden bzw. am besten über Nacht im Kühlschrank kühl stellen.
2. Die Erwachsenenportion nach Belieben süßen und Zimt hinzufügen.
3. Milchreis zu kleinen Bällchen formen und in Kokosraspeln wälzen.

Tipps:

Die Bällchen sind ideal zur Resteverwertung von übrigem Milchreis.

Anstatt Kokosraspeln eignen sich auch gemahlene Nüsse oder Mandeln. Milchreisbällchen lassen sich auch mit klein geschnittenem oder gedünstetem Obst wie Aprikosen oder Erdbeeren füllen. Leckere Variante: ½ reife Banane pürieren und mit 1–1½ EL ungesüßtem, schwach entöltem Backkakaopulver in den Milchreis einrühren und Schoko-Milchreisbällchen daraus formen.

Dazu schmeckt Obstbrei (S. 68). Bei Baby-led weaning gedünstete Apfelstücke dazu anbieten.

Pfannkuchen

Für 1 Kind/Baby ab dem 6. Monat und 1 Erwachsenen

Zutaten:

2 Eier
100 ml Mineralwasser mit Kohlensäure
120 g Mehl, z. B. Dinkelmehl
Öl zum Braten

1. Eier und Mineralwasser in einer Schüssel mit dem Schneebesen verquirlen.
2. Mehl hinzufügen und zu einem glatten Teig verrühren.
3. 1 TL Öl in einer Pfanne erhitzen und mit einer Schöpfkelle Teig in die Pfanne geben, die Pfanne schwenken, sodass sich der Teig rundherum in der Pfanne verteilt. Pfannkuchen ca. 1–2 Minuten von beiden Seiten backen.
4. Vorgang so lange wiederholen, bis der Teig aufgebraucht ist

Tipps:

Dazu schmeckt Apfelmus.

Als Variante 1 Apfel, zum Beispiel Jonagold oder Gala, waschen, schälen und in kleine Scheibchen schneiden. Scheiben unter den Teig heben und Apfelpfannkuchen ausbacken.

Bananen-Pancakes

Für 1 Kind/Baby ab dem 6. Monat und 1 Erwachsenen

Zutaten:
150 g reife Banane
1 Ei
60 g Mehl, z. B. Dinkelmehl
Öl zum Braten

1. Banane schälen, in Stücke schneiden und in einer Schüssel mit dem Stabmixer pürieren. Dann das Ei mit dem Schneebesen untermischen.
2. Mehl hinzufügen und verrühren.
3. Öl in einer Pfanne erhitzen. Mit einem Esslöffel Teigkleckse in die Pfanne geben, etwas platt drücken und 3–5 Minuten von beiden Seiten backen.
4. Vorgang so lange wiederholen, bis der Teig aufgebraucht ist

Tipp:

Dazu schmecken Apfelmus oder Beeren.

Overnight Oats

Für 1 Kind/Baby ab dem 7. Monat

Zutaten:
20 g Haferflocken
2 EL Apfelmus
150 ml Vollmilch (3,5 % Fett)

1. Alle Zutaten in einer Schüssel vermischen und über Nacht im Kühlschrank quellen lassen.
2. Vor dem Verzehr in einem Topf leicht erwärmen.

Tipps:

Anstatt Apfelmus können Sie auch geriebenen Apfel oder Birne einrühren oder noch ½ TL Mandel- oder Cashewmus. Wer mag, kann die Overnight Oats kurz vor dem Verzehr mit 1–2 EL Fruchtsaft pürieren.

Porridge

Für 1 Kind/Baby ab dem 7. Monat

Zutaten:

200 ml Vollmilch (3,5 % Fett) oder Pflanzendrink, z. B. Haferdrink
20 g Haferflocken
½–1 reife Banane oder 1 TL Dattelsüße (S. 183)
½ TL Mandel- oder Cashewmus

1. Milch in einem kleinen Topf kurz aufkochen.
2. Haferflocken einrühren und bei geringer Hitze ca. 5 Minuten köcheln lassen. Wenn der Brei zu stark eindickt, noch etwas Wasser hinzufügen.
3. Topf vom Herd nehmen. Banane schälen, mit einer Gabel fein zerdrücken und mit dem Mandelmus unterrühren.

Tipps:

In die Milch 1 TL ungesüßtes Backkakaopulver einrühren und mit aufkochen, dann wird ein Bananen-Schoko-Porridge daraus.

Anstatt Banane eignen sich auch 50 g klein geschnittene Beeren oder Apfel, einfach mitkochen und dann alles mit der Gabel gut zerdrücken.

Das Porridge können Sie nach Belieben mit dem Stabmixer fein pürieren.

Gemüse- und Kartoffel-Kombirezepte für Baby und Familie

Kürbis-Kartoffel-Mix

Für 4 Portionen Babybrei ab dem 5. Monat

Zutaten:
300 g Kürbis, z. B. Hokkaido
150 g Kartoffeln

1. Gemüse waschen. Kürbis halbieren und Kerne mit einem Löffel herausschaben, dann Fruchtfleisch evtl. schälen und in grobe Stücke schneiden. Kartoffeln schälen, waschen und in kleine Würfel schneiden.
2. Etwas Wasser in einen Topf füllen und den Dampfgareinsatz hineinstellen. Erst die Kartoffelstücke einfüllen und 5 Minuten garen, dann die Kürbisstücke dazugeben und weitere 8–12 Minuten fertig garen.

Den gedünsteten Kürbis-Kartoffel-Mix entweder zu **Gemüsebrei** (S. 90) oder **Kürbissuppe** (S. 91) weiterverarbeiten.

Tipps:

Sie können auch andere Kürbissorten wählen. Die Schale des Hokkaido-Kürbis kann mitverwendet werden, da sie beim Kochen weich wird.

Kürbis-Kartoffel-Brei

Für 3 Portionen Babybrei ab dem 5. Monat

Zutaten:

450 g gegarter Kürbis-Kartoffel-Mix (S. 88)
3 EL Raps- oder Beikostöl
3–6 EL Fruchtdirektsaft, z. B. Apfel- oder Orangensaft

3. Gegarten Kürbis-Kartoffel-Mix mit dem Stabmixer pürieren, dabei evtl. 1–2 EL Garwasser hinzufügen, bis die gewünschte Konsistenz erreicht ist.

4. Brei auf Esstemperatur abkühlen lassen und vor dem Verzehr pro Portion jeweils 1 EL Öl und 1–2 EL Fruchtsaft einrühren.

Kürbis-Kartoffel-Fleisch-Brei

Für einen Kürbis-Kartoffel-Fleisch-Brei (ab dem 5. Monat) können Sie einfach 3 x 30 g Fleisch (für ebenfalls 3 Portionen), zum Beispiel mageres Rindfleisch oder Huhn klein schneiden und mit dem Gemüse mitdünsten.

Tipp:

1 Portion Kürbis-Kartoffel-Brei aus dem TK-Vorrat plus 1 Portion Fleisch auf Vorrat (S. 55) in einem Topf erwärmen und miteinander vermischen. Das ergibt einen schnellen Kürbis-Kartoffel-Fleisch-Brei.

Nicht vergessen: immer vor dem Verzehr pro Portion 1 EL Öl und 1–2 EL Fruchtsaft einrühren.

Kürbissuppe

Für 1 Portion für 1 Kind/Baby ab dem 5. Monat und 1 Erwachsenen

Zutaten:

2 EL Rapsöl
450 g gegarter Kürbis-Kartoffel-Mix (S. 88)
200–300 ml salzfreie Gemüsebrühe
4 EL Orangensaft
Salz, Pfeffer nach Belieben

1. Öl in einem Topf erhitzen und den gegarten Kürbis-Kartoffel-Mix darin kurz anbraten.
2. 200 ml Gemüsebrühe hinzufügen, kurz aufkochen und alles mit dem Stabmixer pürieren. Je nach gewünschter Konsistenz noch etwas Gemüsebrühe hinzufügen.
3. Kürbissuppe vom Herd nehmen und Orangensaft einrühren.
4. Kinderportion in einen Teller füllen, die Erwachsenenportion mit Salz und Pfeffer würzen.

Tipps:

Brotwürfelchen als Topping: für Babys ab dem 6. Monat weiches Brot ohne Rinde, für Erwachsene als Croûtons in etwas Butter angebraten. Für mehr Cremigkeit können Sie 100 ml der Gemüsebrühe durch Kokosmilch ersetzen (ab dem 6. Monat).

JUST
SMILE!

Karotten-Kartoffel-Mix

Zutaten:
300 g Karotten
150 g Kartoffeln

1. Gemüse putzen, waschen, schälen und in kleine Würfel schneiden.
2. Etwas Wasser in einen Topf einfüllen und den Dampfgareinsatz hineinstellen. Die Gemüsestücke hineingeben und in 15–20 Minuten weich garen.

Der Karotten-Kartoffel-Mix wird zu **Karotten-Kartoffel-Brei** (s. u.) und **Karotten-Kartoffel-Gemüse** (S. 95) verarbeitet.

Karotten-Kartoffel-Brei

Für 1 Portion Babybrei ab dem 5. Monat

Zutaten:
150 g gedünsteter Karotten-Kartoffel-Mix (s. o.)
1 EL Raps- oder Beikostöl
1–2 EL Fruchtdirektsaft, z. B. Apfel- oder Orangensaft

1. Karotten-Kartoffel-Mix mit dem Stabmixer pürieren, dabei evtl. 1–2 EL Garwasser hinzufügen, bis die gewünschte Konsistenz erreicht ist.
2. Brei auf Esstemperatur abkühlen lassen und vor dem Verzehr Öl und Fruchtsaft einrühren.

Karotten-Kartoffel-Fleisch-Brei

Für einen Karotten-Kartoffel-Fleisch-Brei (ab dem 5. Monat) können Sie einfach 30 g Fleisch, z. B. mageres Rindfleisch oder Huhn, klein schneiden und mit dem Gemüse mitdünsten.

Tipp:

1 Portion Karotten-Kartoffel-Brei plus 1 Portion Fleisch auf Vorrat (S. 55) in einem Topf erwärmen und miteinander vermischen. Das ergibt einen schnellen Karotten-Kartoffel-Fleisch-Brei.

Nicht vergessen: immer vor dem Verzehr pro Portion 1 EL Öl und 1–2 EL Fruchtsaft einrühren.

Karotten-Kartoffel-Gemüse

Für 1 Portion als Beilage für 1 Erwachsenen

Zutaten:

restlicher gedünsteter Karotten-Kartoffel-Mix (S. 93)
1 TL Butter
Salz, Pfeffer, gemahlene Muskatnuss nach Belieben
1 EL gehackte Kräuter, z. B. Petersilie

1. Butter und die gedünsteten Karotten-Kartoffel-Würfel in einem Topf vermischen.
2. Gemüse mit Salz und Pfeffer würzen und mit frisch gehackten Kräutern verfeinern.

Tipps:

Schmeckt als Beilagengemüse zu gebratenem Fleisch, dazu zum Beispiel 120 g Hähnchenbrustfilet in Streifen schneiden, kräftig würzen und in einer Pfanne mit Öl anbraten.

Für **Baby-Fingerfood bzw. Baby-led weaning ab dem 5. Monat und Familienküche** können Sie die Gesamtmenge vom Karotten-Kartoffel-Mix (450 g) als Karotten-Kartoffel-Gemüse zubereiten. Dann einfach Gewürze und Kräuter für die Babyportion weglassen und etwas Obstsaft bzw. 1 Stück geeignetes Obst bzw. Obstpüree dazu reichen.

Karotten-Kartoffel-Gulaschtopf

Für 1 Portion für 1 Kind/Baby ab dem 6. Monat und 1 Erwachsenen

Zutaten:
½ kleine Zwiebel oder 1 Schalotte
150 g mageres Rindfleisch
1 EL Rapsöl
1 EL Tomatenmark
400–550 ml salzfreie Gemüsebrühe
150 g Karotten
200 g Kartoffeln
Salz, Pfeffer, edelsüßes und rosenscharfes Paprikapulver nach Belieben

1. Zwiebel abziehen und in kleine Würfel schneiden.
2. Rindfleisch säubern und in Würfel oder Streifen schneiden.
3. Öl in einem Topf erhitzen, Zwiebel und Fleisch darin ca. 2 Minuten anbraten.
4. Tomatenmark hinzufügen, kurz mitdünsten, dann 400 ml Brühe angießen und alles ca. 15 Minuten köcheln lassen.
5. Währenddessen Karotten und Kartoffeln putzen, waschen, die Kartoffeln schälen und alles klein würfeln. Gemüse zum Fleisch in den Topf geben, evtl. noch etwas Brühe zugießen und alles ca. 20 Minuten köcheln lassen.
6. Erwachsenenportion (etwa ⅔) in eine Schüssel umfüllen und mit Salz, Pfeffer und Paprikapulver nach Belieben würzen.
7. Die Kinderportion evtl. noch etwas weiter köcheln lassen, bis das Fleisch und das Gemüse gut weich gekocht ist.

Tipps:

Verarbeiten Sie die Kinderportion je nach Bedürfnis Ihres Babys weiter:

- Für Karotten-Kartoffel-Fleisch-Brei: ca. 150–180 g des Gulaschtopfs und 1–2 EL Fruchtdirektsaft mit dem Stabmixer pürieren.
- Für Baby-led weaning bzw. Fingerfood: Schneiden Sie das Fleisch evtl. kleiner.
- Zur besseren Aufnahme von Eisen: etwas Obstsaft bzw. 1 Stück geeignetes Obst bzw. Obstpüree dazu reichen.

Sellerie-Kartoffel-Mix

Zutaten:
300 g Knollensellerie
200 g Kartoffeln

1. Gemüse waschen, schälen und in kleine Würfel schneiden.
2. Etwas Wasser in einen Topf füllen und einen Dampfgareinsatz hineinstellen. Gemüsestücke hineingeben und in 15–20 Minuten weich garen.

Der Sellerie-Kartoffel-Mix wird zu **Sellerie-Kartoffel-Brei** (s. u.) und zu **Sellerie-Kartoffel-Püree** (S. 100) verarbeitet.

Sellerie-Kartoffel-Brei

Für 1 Portion Babybrei ab dem 7. Monat

Zutaten:
150 g gedünsteter Sellerie-Kartoffel-Mix (s. o.)
1 EL Raps- oder Beikostöl
1–2 EL Fruchtdirektsaft, z. B. Apfel- oder Orangensaft

1. Sellerie-Kartoffel-Mix in einer Schüssel mit dem Stabmixer pürieren, dabei evtl. 1–2 EL Garwasser hinzufügen, bis die gewünschte Konsistenz erreicht ist.
2. Brei auf Esstemperatur abkühlen lassen und vor dem Verzehr Öl und Fruchtsaft einrühren.

Gebratenes Lachsfilet mit Sellerie-Kartoffel-Püree

Für 1 Portion für 1 Erwachsenen

Zutaten:

1 Lachsfilet à 150 g
Saft von ½ Zitrone
Salz, Pfeffer
1 EL Öl, z. B. Rapsöl
restlicher gedünsteter Sellerie-Kartoffel-Mix (S. 99)
1 TL Butter
gemahlene Muskatnuss nach Belieben
1 EL gehackte Kräuter, z. B. Petersilie

1. Lachsfilet säubern und mit Küchenpapier trocken tupfen.
2. Zitrone auspressen. Lachsfilet von beiden Seiten mit Zitronensaft beträufeln und mit Salz und Pfeffer würzen.
3. Öl in einer Pfanne erhitzen und den Lachs darin von beiden Seiten scharf anbraten, dann auf mittlerer Hitze in 5–8 Minuten durchgaren.
4. Sellerie-Kartoffel-Mix in einem Topf mit der Butter vermengen und mit Salz, Pfeffer und Muskatnuss verfeinern. Frisch gehackte Kräuter unterheben.
5. Lachsfilet mit Sellerie-Kartoffel-Püree genießen.

Tipps:

Dieses Rezept ist auch für **Babys ab dem 7. Monat** geeignet. Dazu dann 30 g Lachsfilet hinzufügen und den ganzen gedünsteten Sellerie-Kartoffel-Mix (S. 93) zu Püree verarbeiten. Wichtig ist in diesem Fall: Lachs und Püree für die Erwachsenenportion erst würzen, nachdem die Babyportion abgenommen wurde.

Verarbeiten Sie die Kinderportion je nach Bedürfnis Ihres Babys weiter:

- Für **Sellerie-Kartoffel-Lachs-Brei**: ca. 150 g des Pürees, 30 g gebratenes Lachsfilet und 1–2 EL Fruchtdirektsaft mit dem Stabmixer pürieren
- Für Baby-led weaning bzw. Fingerfood: Lassen Sie Ihr Baby das gebratene Fischfiletstückchen (30 g) und das Püree selbst entdecken.

Zur besseren Aufnahme von Eisen: etwas Obstsaft bzw. 1 Stück geeignetes Obst bzw. Obstpüree dazu reichen.

Bei Rezepten mit Zitrone bitte beobachten, wie Ihr Kind diese verträgt. Manche Babys sind empfindlich und reagieren zum Beispiel mit einem wunden Po. Dann sollten Sie erst mal noch auf Zitronen im Essen verzichten.

Süßkartoffel-Kartoffel-Mix

Zutaten:
250 g Süßkartoffeln
150 g Kartoffeln

1. Gemüse waschen, schälen und in kleine Würfel schneiden.
2. Etwas Wasser in einen Topf füllen und einen Dampfgareinsatz hineinstellen. Die Gemüsestücke hineingeben und in 15–20 Minuten weich garen.

Der Süßkartoffel-Kartoffel-Mix wird zu **Süßkartoffel-Kartoffel-Brei** (s. u.) und **Süßkartoffel-Hack-Topf** (S. 104) verarbeitet.

Süßkartoffel-Kartoffel-Brei

Für 1 Portion Babybrei ab dem 5. Monat

Zutaten:
150 g gedünsteter Süßkartoffel-Kartoffel-Mix (s. o.)
1 EL Raps- oder Beikostöl
1–2 EL Fruchtdirektsaft, z. B. Apfel- oder Orangensaft

1. Süßkartoffel-Kartoffel-Mix in einer Schüssel mit dem Stabmixer pürieren, dabei evtl. 1–2 EL Garwasser hinzufügen, bis die gewünschte Konsistenz erreicht ist.
2. Brei auf Esstemperatur abkühlen lassen und vor dem Verzehr Öl und Fruchtsaft einrühren.

Süßkartoffel-Hack-Topf

Als Hauptspeise für 1 Erwachsenen

Zutaten:

½ kleine Zwiebel oder 1 Schalotte
1 TL Öl, z. B. Rapsöl
100 g Hackfleisch
1 EL Tomatenmark
200 g stückige Tomaten aus der Dose
200 ml salzfreie Gemüsebrühe
restlicher gedünsteter Süßkartoffel-Kartoffel-Mix (S. 102)
Salz, Pfeffer
rosenscharfes oder edelsüßes Paprikapulver nach Belieben
optional: gehackte Kräuter, z. B. Petersilie

1. Zwiebel abziehen und in kleine Würfel schneiden.
2. Öl in einer Pfanne erhitzen und Zwiebel und Hackfleisch darin in 2–3 Minuten krümelig braten.
3. Temperatur auf mittlere Stufe stellen und Tomatenmark ca. 1 Minute mitdünsten.
4. Stückige Tomaten und Brühe zufügen. und ca. 10 Minuten garen. Die Soße sollte gut einköcheln, bei Bedarf noch etwas Brühe nachgießen.
5. Den Herd ausstellen, Süßkartoffel-Kartoffel-Mix einrühren, mit Salz, Pfeffer und Paprikapulver abschmecken und nach Belieben mit Kräutern verfeinern.

Tipps:

Dieses Rezept ist auch für **Babys ab dem 7. Monat** geeignet. Dazu 30 g Hackfleisch und 100 ml Gemüsebrühe mehr hinzufügen, den ganzen gedünsteten Süßkartoffel-Kartoffel-Mix (S. 102) einrühren und erst würzen, nachdem die Babyportion abgenommen wurde.

Verarbeiten Sie die Kinderportion je nach Bedürfnis Ihres Babys weiter:

- Für Süßkartoffel-Kartoffel-Fleisch-Brei: ca. 150–180 g des Gerichts und 1–2 EL Fruchtdirektsaft mit dem Stabmixer pürieren.

- Für Baby-led weaning bzw. Fingerfood: Lassen Sie Ihr Baby den Süßkartoffel-Hackfleisch-Topf selbst entdecken.

Zur besseren Aufnahme von Eisen: etwas Obstsaft bzw. 1 Stück geeignetes Obst bzw. Obstpüree dazu reichen.

Bei Rezepten mit Tomaten bitte beobachten, wie Ihr Kind diese verträgt. Manche Babys sind empfindlich und reagieren zum Beispiel mit einem wunden Po. Dann sollten Sie erst mal noch auf Tomaten im Essen verzichten.

Blumenkohl-Brokkoli-Mix

Zutaten:
250 g Blumenkohl
250 g Brokkoli

1. Blumenkohl und Brokkoli putzen und in Röschen teilen. Alles waschen und in einem Sieb abtropfen lassen.
2. Etwas Wasser in einen Topf füllen und einen Dampfgareinsatz hineinstellen. Die Gemüsestücke hineingeben und in 8–12 Minuten weich garen.

Der Blumenkohl-Brokkoli-Mix wird zu **Blumenkohl-Brokkoli-Getreide-Brei** (s. u.) und **Blumenkohl-Brokkoli-Filetpfanne** (S. 108) verarbeitet.

Blumenkohl-Brokkoli-Getreide-Brei

Für 1 Portion Babybrei ab dem 5. Monat

Zutaten:
100–150 g gedünsteter Blumenkohl-Brokkoli-Mix (s. o.)
15 g Instant-Getreideflocken, z. B. Hafer- oder Dinkelflocken
1 EL Raps- oder Beikostöl
1–2 EL Fruchtdirektsaft, z. B. Apfel- oder Orangensaft

1. Blumenkohl-Brokkoli-Mix mit den Instantflocken in eine Schüssel geben und mit dem Stabmixer pürieren, dabei evtl. 1–2 EL Garwasser hinzufügen.
2. Brei auf Esstemperatur abkühlen lassen und vor dem Verzehr Öl und Fruchtsaft einrühren.

Blumenkohl-Brokkoli-Filetpfanne

Für 1 Portion für 1 Erwachsenen

Zutaten:

100 g Schweinefilet
½ kleine Zwiebel oder 1 Schalotte
1 TL Öl, z. B. Rapsöl
150 ml salzfreie Gemüsebrühe
restlicher gedünsteter Blumenkohl-Brokkoli-Mix (S. 107)
1–2 EL Frischkäse (Doppelrahmstufe), idealerweise ohne bzw. mit sehr wenig Salzgehalt
Salz, Pfeffer
1 EL gehackte Kräuter, z. B. Petersilie

1. Schweinefilet abspülen, mit Küchenpapier trocken tupfen und dann in Streifen schneiden.
2. Zwiebel abziehen und klein würfeln.
3. Öl in einem Topf erhitzen und Filetstreifen und Zwiebel darin kurz scharf anbraten.
4. Gemüsebrühe hinzufügen und alles ca. 5 Minuten bei mittlerer Hitze köcheln lassen.
5. Dann Temperatur reduzieren und Frischkäse einrühren. Danach Blumenkohl-Brokkoli-Mix hinzufügen und alles vermischen. Nicht mehr kochen lassen, sondern nur noch kurz erwärmen.
6. Mit Salz, Pfeffer und Kräutern abschmecken.

Tipps:

Dieses Rezept ist auch für **Babys ab dem 10. Monat** geeignet. Dann den gesamten gedünsteten Blumenkohl-Brokkoli-Mix (S. 107) und 30 g mehr Schweinefilet verwenden und evtl. noch etwas Gemüsebrühe nachgießen. Wichtig ist in diesem Fall: Filetpfanne erst würzen, nachdem die Babyportion abgenommen wurde.

Verarbeiten Sie die Kinderportion je nach Bedürfnis Ihres Babys weiter:

- Für **Blumenkohl-Brokkoli-Fleisch-Brei:** ca. 150–180 g der Filetpfanne und 1–2 EL Fruchtdirektsaft mit dem Stabmixer pürieren.

- Für Baby-led weaning bzw. Fingerfood: Lassen Sie Ihr Baby die Zutaten der Filetpfanne selbst entdecken bzw. zerkleinern Sie evtl. das Fleisch noch etwas.

Zur besseren Aufnahme von Eisen: etwas Obstsaft bzw. 1 Stück geeignetes Obst bzw. Obstpüree dazu reichen.

Zucchini-Kartoffel-Mix

Zutaten:
300 g Zucchini
150 g Kartoffeln

1. Gemüse putzen und waschen. Kartoffeln schälen, erneut waschen und alles in kleine Stücke schneiden.
2. Etwas Wasser in einen Topf füllen und einen Dampfgareinsatz hineinstellen. Die Kartoffelstücke einfüllen und ca. 10 Minuten garen. Zucchini hinzufügen und weitere 6–10 Minuten garen, bis das Gemüse weich gekocht ist.

Den gedünsteten Zucchini-Kartoffel-Mix können Sie entweder zu **Zucchini-Kartoffel-Brei** (S. 112) oder **Zucchinisuppe** (S. 113) weiterverarbeiten.

Zucchini-Kartoffel-Brei

Für 3 Portionen Babybrei ab dem 5. Monat

Zutaten:

450 g gedünsteter Zucchini-Kartoffel-Mix (S. 110)
3 EL Raps- oder Beikostöl
3–6 EL Fruchtdirektsaft, z. B. Apfel- oder Orangensaft

1. Zucchini-Kartoffel-Mix in einer Schüssel mit dem Stabmixer pürieren.
2. Brei auf Esstemperatur abkühlen lassen und vor dem Verzehr pro Portion jeweils 1 EL Öl und 1–2 EL Fruchtsaft einrühren.

Zucchinisuppe

Für 1 Kind/Baby ab dem 5. Monat und 1 Erwachsenen

Zutaten:

1 EL Rapsöl
450 g gedünsteter Zucchini-Kartoffel-Mix (S. 110)
200–300 ml Gemüsebrühe
Salz, Pfeffer

1. Öl in einem Topf erhitzen und Zucchini-Kartoffel-Mix darin kurz andünsten.
2. 200 ml Gemüsebrühe hinzufügen und alles mit dem Stabmixer pürieren. Je nach gewünschter Konsistenz noch etwas Gemüsebrühe zugießen, evtl. nochmals kurz aufkochen.
3. Kinderportion in einen Teller füllen, die Erwachsenenportion mit Salz und Pfeffer würzen.

Tipps:

Lecker schmecken ebenfalls geröstete Brotwürfelchen als Topping. Sie können auch zusätzlich ½–1 Lachsfilet dünsten und in Stücken zur Suppe geben.

Tipp:

Anstatt Lamm können Sie auch Rindfleisch wählen.

Verarbeiten Sie die Kinderportion je nach Bedürfnis Ihres Babys weiter:

- Für Gemüse-Lamm-Eintopf-Brei: ca. 150–180 g des Eintopfs und 1–2 EL Fruchtdirektsaft mit dem Stabmixer pürieren
- Für Baby-led weaning bzw. Fingerfood: Lassen Sie Ihr Baby die Zutaten des Eintopfs selbst entdecken.

Zur besseren Aufnahme von Eisen: etwas Obstsaft bzw. 1 Stück geeignetes Obst bzw. Obstpüree dazu reichen

Gemüse-Lamm-Eintopf

Für 1 Kind/Baby ab dem 6. Monat und 1 Erwachsenen

Zutaten:

100 g Kartoffeln
100 g Pastinaken
100 g Karotten
100 g mageres Lammfleisch
½ kleine Zwiebel oder 1 Schalotte
1 EL Rapsöl
250–350 ml Gemüsebrühe
Salz, Pfeffer

1. Gemüse putzen, waschen, schälen und in kleine Stücke schneiden.
2. Fleisch säubern und grob würfeln.
3. Zwiebel abziehen und hacken.
4. Öl in einem Topf erhitzen und Fleisch darin anbraten.
5. Zwiebel hinzufügen und 1 Minute mitdünsten.
6. Gemüsewürfel zugeben und ebenfalls 1 Minute mitdünsten.
7. Mit Brühe aufgießen und das Gemüse in 15–20 Minuten weich garen. Bei Bedarf noch etwas Gemüsebrühe hinzufügen.
8. Kinderportion in einen Teller füllen, die Erwachsenenportion mit Salz und Pfeffer würzen.

Auf die Hand ...

Pastinaken-Karotten-Pommes

Für 1 Portion für 1 Kind/Baby ab dem 5. Monat und 1 Erwachsenen

Zutaten:

250 g Pastinaken
200 g Karotten
2 EL Rapsöl
Salz, Pfeffer, edelsüßes und rosenscharfes Paprikapulver nach Belieben
optional: getrocknete Kräuter, z. B. Rosmarin oder Basilikum

1. Backofen auf 180 °C Umluft vorheizen.
2. Gemüse putzen, waschen, evtl. schälen und wie Pommes in Stäbchenform schneiden, dann in eine Schüssel geben und mit dem Öl vermischen.
3. Für die Babyportion ⅓ der Gemüsestücke in eine kleine Auflaufform geben.
4. Die restlichen ⅔ für die Erwachsenenportion nach Belieben würzen und auf ein mit Backpapier belegtes Backblech legen. Dabei Platz für die Auflaufform lassen. Alternativ können Sie auch 2 Backbleche verwenden.
5. Beide Portionen zusammen in den Ofen geben und 15–20 Minuten garen, dabei Gemüse einmal wenden.

Tipps:

Verarbeiten Sie die Kinderportion je nach Bedürfnis Ihres Babys weiter:

Für **Pastinaken-Karotten-Brei**: gedünstete Gemüsestücke etwas zerkleinern und mit etwas abgekochtem Wasser oder 1–2 EL Fruchtdirektsaft mit dem Stabmixer pürieren

- Für Baby-led weaning bzw. Fingerfood: Gemüsestücke ganz lassen oder nur etwas kleiner schneiden. Zur besseren Aufnahme von Eisen: etwas Obstsaft bzw. 1 Stück geeignetes Obst bzw. Obstpüree dazu reichen.
- Sie können auch anderes Gemüse wählen, z. B. Kartoffeln, Kohlrabi oder Süßkartoffeln.

Zur Erwachsenenportion schmeckt Kräuterquark sehr gut.

Tipps:

Verarbeiten Sie die Kinderportion je nach Bedürfnis Ihres Babys weiter:

- Für **Karotten-Zucchini-Hafer-Brei:** ca. 150 g Puffer in Stücke zerteilen und mit etwas abgekochtem Wasser oder 1–2 EL Fruchtdirektsaft mit dem Stabmixer pürieren
- Für Baby-led weaning bzw. Fingerfood: Die Puffer evtl. noch etwas kleiner schneiden. Zur besseren Aufnahme von Eisen: etwas Obstsaft bzw. 1 Stück geeignetes Obst bzw. Obstpüree dazu reichen.

Zur Erwachsenenportion schmeckt Kräuterquark sehr gut.

Die Puffer können Sie auch im Backofen backen. Dazu auf ein mit Backpapier belegtes Backblech legen und bei 170 °C Umluft in 20–25 Minuten durchgaren. Nach der Hälfte der Zeit einmal wenden.

Zucchini-Karotten-Hafer-Puffer

Für 1 Kind/Baby ab dem 5. Monat und 1 Erwachsenen

Zutaten:

200 g Karotte
150 g Zucchini
1 Ei
40 g Haferflocken
1–2 EL Mehl, z. B. Dinkelmehl, bei Bedarf
Salz, Pfeffer
2 EL Rapsöl

1. Karotten und Zucchini putzen, waschen und raspeln. Mit den Händen die Flüssigkeit gut ausdrücken und die Raspel in eine Schüssel geben.
2. Ei hinzufügen und einkneten.
3. Haferflocken zugeben und alles zu einer festen Masse verkneten. Eventuell noch etwas Mehl untermischen.
4. Etwa ⅓ der Teigmasse für die Kinderportion zu Puffern formen. Die Erwachsenenportion nach Belieben mit Salz und Pfeffer würzen und ebenfalls in Pufferform bringen.
5. 1 EL Öl in einer Pfanne erhitzen und die Kinder-Puffer von beiden Seiten braun braten, dann bei mittlerer Hitze in 5–10 Minuten durchgaren. Herausnehmen.
6. Restliches Öl in die Pfanne geben und die Erwachsenenpuffer ebenso braten.

Tipp:

Die Puffer können Sie auch im Backofen bei 170 °C Umluft in 20–25 Minuten backen.

Kartoffelrösti

Für 1 Kind/Baby ab dem 5. Monat und 1 Erwachsenen

Zutaten:

300 g Kartoffeln
2 EL Öl, z. B. Rapsöl
2 EL Mehl, z. B. Dinkelmehl, oder gemahlene Haferflocken
1 Tomate
2–3 EL geriebener Käse, z. B. Mozzarella oder Emmentaler
Salz, Pfeffer

1. Backofen auf 180 °C Umluft vorheizen.
2. Kartoffeln schälen, waschen und raspeln. Mithilfe eines Küchentuchs die Flüssigkeit aus den Kartoffelraspeln gut ausdrücken, dann Raspel in eine Schüssel geben.
3. Öl und Mehl untermischen. Der Teig sollte eine leicht klebrige Konsistenz haben.
4. 2 EL der Kartoffelmasse mit den Händen verkneten, auf ein mit Backpapier belegtes Backblech geben und mit einem Esslöffel flach drücken. Vorgang so lange wiederholen, bis die Raspel aufgebraucht sind.
5. Rösti im Ofen ca. 20 Minuten backen.
6. Die Portion für das Baby beiseite stellen.
7. Die Tomate waschen und in Scheiben schneiden. Die restlichen Röstis mit Tomatenscheiben belegen, mit geriebenem Käse bestreuen und mit Salz und Pfeffer würzen. Im Ofen nochmals 5 Minuten überbacken.

Tipp:

Die Kartoffelrösti können Sie auch im Backofen bei 170 °C Umluft in 20–25 Minuten backen.

Tipps:

Verarbeiten Sie die Kinderportion je nach Bedürfnis Ihres Babys weiter:

- Für **Kartoffel-Getreide-Brei:** ca. 150 g Rösti in Stücke zerteilen und mit etwas abgekochtem Wasser oder 1–2 EL Fruchtdirektsaft mit dem Stabmixer pürieren.
- Für Baby-led weaning bzw. Fingerfood: Röstis evtl. noch etwas kleiner schneiden. Zur besseren Aufnahme von Eisen: etwas Obstsaft bzw. 1 Stück geeignetes Obst bzw. Obstpüree dazu reichen.

Zu den Röstis schmeckt Apfelmus oder Apfel-Birnen-Brei (S. 68). Auch sehr lecker: Röstis mit Frischkäse oder Pesto bestreichen.

Tipps:

Die Kartoffel-Karotten-Kleckse sind außen kross und innen weich.

Verarbeiten Sie die Kinderportion je nach Bedürfnis Ihres Babys weiter:

- Für **Kartoffel-Karotten-Getreide-Brei:** ca. 150 g der Kleckse und etwas abgekochtes Wasser oder 1–2 EL Fruchtdirektsaft mit dem Stabmixer pürieren
- Für Baby-led weaning bzw. Fingerfood: Kleckse evtl. noch etwas kleiner schneiden. Zur besseren Aufnahme von Eisen: etwas Obstsaft bzw. 1 Stück geeignetes Obst bzw. Obstpüree dazu reichen.

Durch Zugabe von etwas mehr Haferflocken oder 2–3 EL Mehl wird der Teig fester, sodass Sie Frikadellen oder Kroketten daraus formen können. Diese ebenfalls im Ofen backen oder mit etwas Öl in der Pfanne braten.

Dazu schmeckt zum Beispiel Apfel-Birnen-Brei (S. 68). Gut sind sie auch als Beilage zu gebratenem Fleisch oder Fisch.

Kartoffel-Karotten-Kleckse

Für 1 Kind/Baby ab dem 6. Monat und 1 Erwachsenen

Zutaten:

250 g Kartoffeln
100 g Karotte
1 Ei
50 g Haferflocken oder gemahlene Haferflocken
Salz, Pfeffer
optional: 1 EL gehackte Kräuter, z. B. Petersilie

1. Kartoffeln schälen, waschen und in kleine Stücke schneiden.
2. Etwas Wasser in einen Topf füllen und einen Dampfgareinsatz hineinstellen. Kartoffelstücke einfüllen und in ca. 15 Minuten weich garen.
3. Kartoffeln in einer Schüssel mit dem Stabmixer pürieren und etwas abkühlen lassen.
4. Backofen auf 170 °C Umluft vorheizen.
5. Karotte putzen, waschen und raspeln.
6. Karottenraspel, Ei und Haferflocken mit dem Kartoffelbrei vermischen. Eventuell noch ein paar Haferflocken mehr untermischen, bis der Teig klebrig und fest ist.
7. Backblech mit Backpapier belegen. Für die Kinderportion mit einem Esslöffel ca. ⅓ des Teiges als Kleckse auf das Backpapier setzen.
8. Den restlichen Kartoffelteig für die Erwachsenenportion mit Salz, Pfeffer und nach Belieben Kräutern abschmecken und dann ebenfalls Teigkleckse auf dem Backpapier formen.
9. Kartoffelkleckse im Ofen 35–40 Minuten backen.

Panierte Zucchinischeiben

Für 1 Kind/Baby ab dem 7. Monat und 1 Erwachsenen

Zutaten:

1 Zucchini (ca. 300–400 g)
Salz, Pfeffer
4 EL Mehl, z. B. Dinkelmehl
6 EL Vollkornsemmelbrösel
2 Eier
Rapsöl zum Braten

1. Zucchini putzen, waschen und in ca. 0,5 cm dicke Scheiben schneiden.
2. Etwa ⅓ der Zucchinischeiben für die Kinderportion beiseite stellen. Die restlichen Zucchinischeiben mit Salz und Pfeffer würzen.
3. Mehl und Semmelbrösel jeweils in einen tiefen Teller geben.
4. Eier in einem weiteren tiefen Teller mit einer Gabel verquirlen.
5. Zucchinischeiben erst im Mehl, dann in der Eiermasse und schließlich in den Semmelbröseln wenden.
6. Öl in einer Pfanne erhitzen und die Zucchinischeiben für die Kinderportion darin von beiden Seiten in ca. 5 Minuten durchgaren.
7. Mit der Erwachsenenportion ebenso verfahren.

Tipps:

Für die Erwachsenenportion kann man die Semmelbrösel noch mit etwas geriebenem Parmesan mischen.

Gemüse-Hackfleisch-Bällchen

Für 1 Kind/Baby ab dem 8. Monat und 1 Erwachsenen

Zutaten:

½ Zwiebel oder 1 Schalotte
50 g Karotte
50 g Zucchini
150 g Hackfleisch
1 Ei
1 TL Tomatenmark
2–3 EL Haferflocken
Salz, Pfeffer
Öl zum Braten

1. Zwiebel abziehen und fein hacken.
2. Karotte und Zucchini putzen, waschen und raspeln.
3. Alle Zutaten (außer Salz und Pfeffer) in einer Schüssel vermengen, evtl. noch ein paar Haferflocken hinzufügen, falls die Masse noch zu klebrig ist.
4. Etwa ⅓ des Teiges für die Kinderportion zu kleinen Bällchen formen. Den Rest für die Erwachsenenportion mit Salz und Pfeffer würzen und ebenfalls zu Bällchen kneten.
5. Öl in einer Pfanne erhitzen und erst die Kinder-Hackbällchen darin von allen Seiten rundum anbraten und in 5–10 Minuten durchgaren.
6. Mit der Erwachsenenportion ebenso verfahren.

Tipp

Die Gemüse-Hackfleisch-Bällchen können Sie auch im Backofen bei 170 °C Umluft 15 Minuten backen.

Fischkroketten

Für 1 Kind/Baby ab dem 8. Monat und 1 Erwachsenen

Zutaten:

150 g Kartoffeln
150 g Fischfilet, z. B. Lachs oder Kabeljau (grätenfrei)
1 Ei
2–3 EL Haferflocken oder Mehl
Salz, Pfeffer
Öl zum Braten

1. Kartoffeln schälen, waschen und in kleine Würfel schneiden.
2. Etwas Wasser in einen Topf einfüllen und einen Dampfgareinsatz hineinstellen. Die Kartoffeln hinzufügen und in 15–20 Minuten weich garen.
3. Danach in eine Schüssel geben, mit dem Gemüsestampfer zerdrücken und abkühlen lassen.
4. Fischfilet hacken und mit der Kartoffelmasse vermischen.
5. Ei und Haferflocken zufügen und alles gut verkneten. Falls die Masse noch zu klebrig ist, mehr Haferflocken untermischen.
6. Etwa ⅓ der Kartoffel-Fisch-Masse für die Kinderportion zu Kroketten formen. Die restliche Masse salzen, pfeffern und ebenfalls zu Kroketten formen.
7. Öl in einer Pfanne erhitzen und erst die Kinder-Kroketten darin rundum anbraten, dann in 5–7 Minuten durchgaren.
8. Mit der Erwachsenenportion ebenso verfahren.

Tipp

Die Fischkroketten können Sie auch im Backofen bei 170 °C Umluft 15–20 Minuten backen.

Mit Nudeln und Co.

Tipps:

Anstatt Brokkoli schmeckt auch Blumenkohl. Verarbeiten Sie die Kinderportion je nach Bedürfnis Ihres Babys weiter:

- Für **Brokkoli-Hackfleisch-Nudel-Brei:** ca. 150–180 g des Gerichts und 1–2 EL Fruchtdirektsaft mit dem Stabmixer pürieren. Sie können auch nur das Fleisch und den Brokkoli als Soße pürieren und die Nudeln als Fingerfood mit anbieten bzw. grob zerdrücken.
- Für Baby-led weaning bzw. Fingerfood: Lassen Sie Ihr Baby die Zutaten des Gerichts selbst entdecken. Zur besseren Aufnahme von Eisen: etwas Obstsaft bzw. 1 Stück geeignetes Obst bzw. Obstpüree dazu reichen.

Brokkoli-Hackfleisch-Nudeln

Für 1 Kind/Baby ab dem 10. Monat und 1 Erwachsenen

Zutaten:

300 Brokkoli
100 g Vollkornnudeln, z. B. Hörnli, Spirelli
1 TL Öl, z. B. Rapsöl
130 g Hackfleisch
1 TL Butter
150 ml salzfreie Gemüsebrühe
Salz, Pfeffer

1. Brokkoli putzen und in Röschen teilen, dann waschen und in einem Sieb abtropfen lassen.
2. Etwas Wasser in einen Topf füllen und einen Dampfgareinsatz hineinstellen. Die Gemüsestücke hineingeben und in 8–12 Minuten weich garen.
3. Nudeln in einem Topf mit kochendem Wasser (ohne Salz!) nach Packungsanleitung weich kochen.
4. Öl in einem Topf erhitzen und das Hackleisch darin krümelig braten.
5. Butter und Gemüsebrühe hinzufügen und 5 Minuten bei mittlerer Hitze köcheln lassen.
6. Gegarten Brokkoli evtl. noch etwas kleiner schneiden und zusammen mit den gekochten Nudeln in den Topf geben. Alles gut vermischen.
7. Etwa ⅓ der Mischung als Babyportion in eine Schüssel umfüllen, den Rest für die Erwachsenenportion mit Salz und Pfeffer würzen.

Spaghetti bolognese

Für 1 Kind/Baby ab dem 10. Monat und 1 Erwachsenen

Zutaten:

100 g Karotte
80 g Knollensellerie
1 TL Öl, z. B. Rapsöl
120 g Hackfleisch
1 EL Tomatenmark
200 ml salzfreie Gemüsebrühe
110 g Spaghetti oder Gabelspaghetti (Vollkornnudeln)
Salz, Pfeffer

1. Karotte und Sellerie putzen, waschen, Sellerie schälen und alles in kleine Würfel schneiden.
2. 100 ml Wasser in einen Topf geben, die Gemüsestücke hinzufügen und 10–15 Minuten dünsten, bis sie weich sind.
3. Öl in einem Topf erhitzen und das Hackfleisch darin krümelig braten.
4. Tomatenmark kurz mitdünsten, dann Gemüsebrühe angießen und alles 5 Minuten bei mittlerer Hitze köcheln lassen.
5. Währenddessen die Nudeln in einem Topf mit kochendem Wasser (ohne Salz!) nach Packungsanleitung weich kochen. Dann durch ein Sieb abgießen.
6. Gegarte Gemüsewürfel zum Hackfleisch geben und kurz mitdünsten.
7. Jeweils etwa ⅓ der Bolognese und Spaghetti als Babyportion in eine Schüssel umfüllen, den Rest für die Erwachsenenportion mit Salz und Pfeffer würzen.

Tipps:

Anstatt Sellerie können Sie auch Zucchini wählen. Verarbeiten Sie die Kinderportion je nach Bedürfnis Ihres Babys weiter:

- Für **Spaghetti-bolognese-Brei:** ca. 150–180 g des Gerichts und 1–2 EL Fruchtdirektsaft mit dem Stabmixer pürieren. Sie können auch nur das Hackfleisch und das Gemüse als Soße pürieren und die Nudeln als Fingerfood mit anbieten bzw. grob zerdrücken.
- Für Baby-led weaning bzw. Fingerfood: Lassen Sie Ihr Baby die Zutaten des Gerichts selbst entdecken. Zur besseren Aufnahme von Eisen: etwas Obstsaft bzw. 1 Stück geeignetes Obst bzw. Obstpüree dazu reichen.

Sehr gute Nudeln für den Beikoststart bzw. Baby-led weaning sind Buchstaben- oder Muschelnudeln bzw. Gabelspaghetti.

Zucchini-Couscous-Mix

Zutaten:
300 g Zucchini
100 g Couscous

1. Zucchini putzen, waschen und in kleine Würfel schneiden.

1. Etwas Wasser in einen Topf füllen und einen Dampfgareinsatz hineinstellen. Die Zucchinistücke hineingeben und in 5–7 Minuten weich garen.

1. Währenddessen den Couscous in einem Sieb durchspülen. In einem kleinen Topf 150 ml Wasser aufkochen, Hitze ausstellen und Topf vom Herd nehmen. Couscous einrühren und quellen lassen.

1. Zucchini aus dem Topf nehmen und mit dem Couscous vermischen.

Der Couscous-Mix wird zu **Zucchini-Couscous-Brei** (S. 140) und **Zucchini-Hähnchen-Couscous** (S. 140) weiterverarbeitet

Zucchini-Couscous-Brei

Für 1 Portion Babybrei ab dem 6. Monat

Zutaten:

150 g Zucchini-Couscous-Mix (S. 139)
1 EL Raps- oder Beikostöl
1–2 EL Fruchtdirektsaft, z. B. Apfel- oder Orangensaft

1. Zucchini-Couscous-Mix mit dem Stabmixer pürieren, dabei evtl. 1–2 EL Garwasser hinzufügen, bis die gewünschte Konsistenz erreicht ist.
2. Brei auf Esstemperatur abkühlen lassen und vor dem Verzehr Öl und Fruchtsaft einrühren.

Tipp:

Ab dem 10. Monat schmeckt der Zucchini-Couscous-Brei dem Baby meist auch schon ohne Pürieren.

Zucchini-Hähnchen-Couscous

Für 1 Portion für 1 Erwachsenen

Zutaten:

½ kleine Zwiebel oder Schalotte
80 g Hähnchenbrust
1 Tomate
1 TL Butter oder Öl
restlicher Zucchini-Couscous-Mix (S. 139)
Salz, Pfeffer
1 EL gehackte Kräuter, z. B. Petersilie

1. Zwiebel abziehen und klein würfeln.
2. Hähnchen säubern und in Streifen oder kleine Würfel schneiden.
3. Tomate waschen und würfeln.
4. Butter in einer kleinen Pfanne erhitzen und Zwiebel und Hähnchen darin kurz anbraten.

5. Tomatenwürfeln hinzufügen und alles 5–7 Minuten dünsten.
6. Restlichen Zucchini-Couscous-Mix einrühren, mit Salz und Pfeffer würzen und mit Kräutern verfeinern.

Tipps:

Dieses Rezept ist auch für Babys ab dem 6. Monat geeignet. Dazu 30 g Hähnchenbrust hinzufügen, den ganzen Zucchini-Couscous-Mix (s. o.) einrühren und erst würzen, nachdem die Babyportion abgenommen wurde.

Verarbeiten Sie die Kinderportion je nach Bedürfnis Ihres Babys weiter:

- Für Zucchini-Couscous-Hähnchen-Brei: ca. 150–180 g des Gerichts und 1–2 EL Fruchtdirektsaft mit dem Stabmixer pürieren.
- Für Baby-led weaning bzw. Fingerfood: Lassen Sie Ihr Baby den Zucchini-Hähnchen-Couscous selbst entdecken.

Zur besseren Aufnahme von Eisen: etwas Obstsaft bzw. 1 Stück geeignetes Obst bzw. Obstpüree dazu reichen.

Bei Rezepten mit Tomaten bitte beobachten, wie Ihr Kind diese verträgt. Manche Babys sind empfindlich und reagieren zum Beispiel mit einem wunden Po. Dann sollten Sie erst mal noch auf Tomaten im Essen verzichten.

Buchstabennudelsuppe

Für 1 Kind/Baby ab dem 6. Monat und 1 Erwachsenen

Zutaten:
80 g Karotte
50 g Zucchini
1 TL Rapsöl
400 ml salzfreie Gemüsebrühe
70 g Buchstabennudeln

1. Karotte und Zucchini putzen, waschen und in kleine Würfel schneiden.
2. Öl in einem kleinen Topf erhitzen und Karotte darin andünsten.
3. Gemüsebrühe hinzufügen und 5 Minuten bei mittlerer Hitze köcheln lassen.
4. Zucchini und Buchstabennudeln zugeben und Suppe in weiteren 7–10 Minuten fertig kochen.

Tipps:

Buchstabennudeln eignen sich prima für den Beikoststart. Falls Ihr Baby noch keine stückigen Konsistenzen mag, können Sie das Gemüse und die Nudeln auch mit dem Stabmixer pürieren bzw. mit der Gabel zerdrücken.

BABY

Fisch-Reis-Pfanne

Für 1 Kind/Baby ab dem 6. Monat und 1 Erwachsenen

Zutaten:

100 g Reis
100 g Zucchini
120 g Fischfilet, z. B. Kabeljau oder Lachs
1 TL Rapsöl
200 ml salzfreie Gemüsebrühe
1 EL Frischkäse (Doppelrahmstufe), idealerweise ohne bzw. mit sehr wenig Salzgehalt
Salz, Pfeffer

1. Reis in einem Topf mit kochendem Wasser (ohne Salz!) nach Packungsanleitung weich garen.
2. Währenddessen Zucchini putzen, waschen und in kleine Würfel schneiden. Fischfilet säubern und in grobe Stücke schneiden.
3. Öl in einem kleinen Topf erhitzen und Fisch und Zucchini darin 3 Minuten dünsten.
4. Gemüsebrühe zugießen und Gemüse und Fisch in 3–5 Minuten durchgaren.
5. Frischkäse einrühren und erwärmen. Den Herd ausstellen.
6. Den Reis durch ein Sieb abgießen und unter die Zucchini-Fisch-Mischung heben.
7. Die Erwachsenenportion mit Salz und Pfeffer würzen.

Tipps:

Falls Ihr Baby noch keine stückigen Konsistenzen mag, können Sie die Fisch-Reis-Pfanne auch mit dem Stabmixer pürieren oder mit der Gabel zerdrücken.

Backen

Bananenbrot

Für Babys/Kinder ab dem 5. Monat und die ganze Familie
Für 1 kleine Kastenform (20 cm)

Zutaten:

150 g reife Bananen
60 ml Rapsöl
1 Ei
220 g Dinkelmehl
1 EL Backpulver
100–120 ml Vollmilch (3,5 % Fett) oder Pflanzendrink, z. B. Haferdrink
Fett für die Form

1. Backofen auf 170 °C Umluft vorheizen.
2. Die Bananen schälen und in einer Schüssel mit dem Stabmixer pürieren.
3. Öl und Ei zugeben und mit dem Schneebesen verquirlen.
4. Mehl und Backpulver miteinander mischen und unter den Teig heben.
5. Milch zugießen und alles zu einem homogenen Teig verarbeiten.
6. Eine Backform gut fetten oder mit Backpapier auslegen. Teig hineingeben und glatt streichen. Im Ofen 45–55 Minuten backen (Stäbchenprobe).

Tipps:

Dieses weiche, süßliche Brot ist ideal fürs erste Fingerfood bzw. Baby-led weaning. Schmeckt Klein und Groß auch als Frühstück, zum Beispiel bestrichen mit etwas Butter und Apfelmus. Anfangs am besten in kleine Würfel oder Streifen schneiden.

Dinkel-Karotten-Brot

Für Kinder/Babys ab dem 6. Monat und die ganze Familie
Für 1 kleine Kastenform (20 cm)

Zutaten:
80 g Karotte
200 g Dinkelvollkornmehl
100 g Dinkelmehl Type 1050
50 g Haferflocken
5 g Trockenhefe
2 EL Rapsöl
150–200 ml lauwarmes Wasser
Fett für die Form

1. Karotten putzen, waschen und raspeln. Flüssigkeit mit den Händen ausdrücken.
2. Die trockenen Zutaten in einer Schüssel vermengen.
3. Öl, Karottenraspel und 150 ml lauwarmes Wasser hinzufügen und mit dem Handrührgerät verkneten. Bei Bedarf noch etwas mehr Wasser nachgießen.
4. Kastenform einfetten oder mit Backpapier auslegen. Teig hineingeben, mit einem Küchentuch abdecken und an einem warmen Ort ca. 1 Stunde gehen lassen.
5. Backofen auf 200 °Ober-/Unterhitze vorheizen.
6. Brot 35–45 Minuten im Ofen backen (Stäbchenprobe).

Tipps:

Das Brot können Sie auch scheibenweise einfrieren.

Anfangs Brot am besten würfeln oder in Streifen schneiden.

Vollkorntoastbrot

Für Kinder/Babys ab dem 6. Monat und die ganze Familie
Für 1 kleine Kastenform (20 cm)

Zutaten:
200 g Dinkelvollkornmehl
100 g Weizenmehl Type 1050
5 g Trockenhefe
50 g Butter
150–200 ml lauwarmes Wasser
Fett für die Form

1. Die trockenen Zutaten in einer Schüssel vermengen.
2. Butter in einem Topf schmelzen und mit 150 ml lauwarmem Wasser in die Schüssel geben und mit dem Handrührgerät verrühren. Bei Bedarf noch etwas Wasser hinzufügen, der Teig sollte nicht mehr am Schüsselrand kleben bleiben.
3. Kastenform einfetten oder mit Backpapier auslegen. Teig hineingeben, mit einem Küchentuch abdecken und an einem warmen Ort ca. 1 Stunde gehen lassen.
4. Backofen auf 200 °Ober-/Unterhitze vorheizen.
5. Brot 30–40 Minuten im Ofen backen (Stäbchenprobe).

Tipps:

Das Brot können Sie auch scheibenweise einfrieren.

Anfangs am besten würfeln oder in Streifen schneiden.

Süße Brezeln und Donuts

Für Kinder/Babys ab dem 9. Monat und die ganze Familie
Für 8–10 Stück

Zutaten:
250 g Mehl, z. B. Dinkelmehl
1 TL Trockenhefe
2 TL Dattelsüße (S. 183)
150 g Naturjoghurt (3,5 % Fett)
4 EL Öl, z. B. Rapsöl
3–4 EL Vollmilch 3,5 %

Zum Bestreichen:
1 Eigelb
1 EL Milch

1. Die trockenen Zutaten in einer Schüssel vermischen.
2. Die restlichen Zutaten hinzufügen und mit dem Handrührgerät zu einem homogenen Teig verkneten, der nicht mehr am Schüsselrand kleben sollte (ansonsten etwas Milch oder Mehl hinzufügen). Teig mit einem Küchentuch abdecken und an einem warmen Ort ca. 1 Stunde gehen lassen.
3. Backofen auf 200 °C Ober-/Unterhitze vorheizen.
4. Teig in 8–10 Stücke teilen und dann jeweils zu dünnen oder dickeren Rollen kneten. Daraus dann Brezeln und Donuts formen und auf ein mit Backpapier belegtes Backblech legen.
5. Eigelb in einer Tasse mit der Milch verrühren und die Teiglinge damit bestreichen.
6. Im Ofen 20–25 Minuten backen.

Tipp:

Schmeckt lecker mit Butter oder Erdbeer-Fruchtaufstrich (S. 179) bzw. Pflaumenmus (S. 180).

Karotten-Stängli

Für Kinder/Babys ab dem 6. Monat und die ganze Familie
Für 15–20 Stück

Zutaten:
100 g Karotte
180 g Dinkelvollkornmehl
40 g Rapsöl
6–8 EL Wasser

1. Backofen auf 180 °C Umluft vorheizen.
2. Karotte putzen, waschen und raspeln.
3. Karottenraspel, Mehl, Öl und 6 EL Wasser in eine Schüssel geben und mit dem Handrührgerät zu einem mürben Teig vermischen. Eventuell noch etwas Wasser hinzufügen und mit den Händen einkneten.
4. Aus dem Teig Stangen formen und diese auf ein mit Backpapier belegtes Backblech legen.
5. Mit Wasser bepinseln.
6. Im Ofen 15–20 Minuten backen.

Tipps:

Die Stängli haben nach dem Backen eine leckere mürbe Konsistenz.

Sie können auch erst ein paar Stangen für das Baby formen und dann dem restlichen Teig 1 EL Sesam für größere Kinder und die Erwachsenen zugeben. Eventuell für die Großen Stangen auch mit etwas Meersalz bestreuen.

Kürbisbrötchen

Für Kinder/Babys ab dem 6. Monat und die ganze Familie
Für 6–8 Stück

Zutaten:
100 g Dinkelvollkornmehl
250 g Weizenmehl Type 1050
1 Päckchen Trockenhefe
200 g Kürbispüree/-brei (S. 43)
2 EL Öl
150–200 ml lauwarmes Wasser

1. Beide Mehlsorten und die Trockenhefe in einer Schüssel miteinander vermischen.
2. Kürbispüree, Öl und 150 ml lauwarmes Wasser hinzufügen und mit dem Handrührgerät verrühren, dabei evtl. noch etwas Wasser zugießen. Alles zu einem geschmeidigen Teig verarbeiten, der nicht mehr am Schüsselrand festklebt.
3. Teig mit einem Küchentuch abdecken und an einem warmen Ort ca. 1 Stunde gehen lassen
4. Backofen auf 200 °C Ober-/Unterhitze vorheizen.
5. Backblech mit Backpapier belegen.
6. Aus dem Teig 6–8 Kugeln formen, diese mit ausreichend Abstand zueinander auf das Backpapier setzen und etwas platt drücken. Brötchen nach Belieben noch kreuzweise einschneiden. Mit Küchentuch abdecken und 15 Minuten ruhen lassen.
7. Im Ofen 20 Minuten backen.

Tipps:

Mit Kürbispüree werden die Brötchen schön luftig. Sie können stattdessen auch Süßkartoffel- oder Karottenpüree verwenden.

Anfangs Brötchen in Streifen oder Würfel schneiden und dem Baby als Fingerfood anbieten.

Apfel-Haferflocken-Waffeln

Für Kinder/Babys ab dem 5. Monat und die ganze Familie
Für 4 Stück

Zutaten:

120 g Mehl, z. B. Dinkelmehl
50 g Haferflocken
1 TL Weinsteinbackpulver
200 g Apfelmus, Apfel-Birnen-Brei (S. 68) oder geraspelter Apfel
1 Ei
100 ml Apfelsaft oder Vollmilch (3,5 % Fett) oder Pflanzendrink, z. B. Mandel-, Haferdrink
Öl für das Waffeleisen

1. Die trockenen Zutaten in einer Schüssel vermischen.
2. Die restlichen Zutaten hinzufügen und alles gut mit dem Handrührgerät verrühren.
3. Waffeleisen aufheizen und mit Öl einfetten.
4. Etwa 1½ EL Teig in das Waffeleisen geben und eine Waffel ausbacken.
5. Danach Waffeleisen wieder mit Öl einpinseln und Vorgang so lange wiederholen, bis der Teig aufgebraucht ist.

Tipps:

Dazu schmecken Apfel-Birnen-Brei (S. 68), frische Beeren oder Beeren-Mus.

Um etwas mehr Süße in die Waffeln zu bringen, können Sie eine reife Banane pürieren und in den Teig einrühren. In diesem Fall die restliche Flüssigkeit (Apfelsaft oder Milch/Pflanzendrink) ganz weglassen oder auf 2–3 EL reduzieren.

Kokoskugeln

Für Kinder/Babys ab dem 6. Monat und die ganze Familie
Für 8–12 Stück

Zutaten:
150 g reife Banane
3 EL Haferflocken
3 EL Kokosraspel

1. Backofen auf 160 °C Umluft vorheizen.
2. Banane schälen und in einer Schüssel mit einer Gabel zerdrücken.
3. Hafer- und Kokosflocken hinzufügen und vermischen. Mit angefeuchteten Händen aus dem Teig Kugeln formen und diese auf ein mit Backpapier belegtes Backblech setzen.
4. Im Ofen 15–20 Minuten backen.

KOKOS
KUGELN

Apfel-Milchreis-Waffeln

Für Kinder/Babys ab dem 9. Monat und die ganze Familie
Für 6–10 Stück

Zutaten:

100 g Apfelmus oder geraspelter Apfel
1 Ei
150 g Mehl, z. B. Dinkelmehl
1 TL Weinsteinbackpulver
ca. 250 g gekochter Milchreis bzw. die Hälfte vom Milchreis Grundrezept (S. 74)
Öl für das Waffeleisen
Dattelsüße (S. 183) oder Süßungsmittel und Zimt nach Belieben

1. Apfelmus und Ei in einer Schüssel mit dem Schneebesen verrühren.
2. Mehl und Backpulver hinzufügen und vermengen.
3. Milchreis unterheben.
4. Waffeleisen erhitzen und gut fetten.
5. Etwa 2 EL Teig einfüllen, mit dem Löffel etwas platt drücken und eine Waffel ausbacken. Danach Waffeleisen wieder mit Öl einpinseln und Vorgang so lange wiederholen, bis der Teig aufgebraucht ist. Den Waffelteig für die Erwachsenenportion vor dem Backen nach Belieben süßen und mit Zimt verfeinern.

Tipps:

Dieses Rezept ist auch ideal zur Verwertung von übrig gebliebenem Milchreis.

Dazu schmeckt Apfel- oder Obstbrei (S. 68) bzw. klein geschnittenes Obst.

Babykekse

Für Kinder/Babys ab dem 10. Monat und die ganze Familie
Für 15–20 Stück

Zutaten:
110 g reife Banane
90 g weiche Butter
220 g Mehl, z. B. Dinkelmehl Type 630 plus mehr zum Verarbeiten

1. Banane schälen und in einer Schüssel mit der Gabel zerdrücken.
2. Butter und Mehl hinzufügen und mit dem Handrührgerät zu einem glatten, festen Teig verkneten. In Frischhaltefolie einwickeln und für ca. 45 Minuten in den Kühlschrank geben.
3. Backofen auf 160 °C Umluft vorheizen.
4. Arbeitsfläche bemehlen, Teig darauf ausrollen und dann mit Plätzchenausstechern beliebige Formen ausstechen, z. B. Sterne, Bären, Fußball etc.
5. Kekse auf ein mit Backpapier ausgelegtes Blech setzen und im Ofen 5–10 Minuten backen.

Tipp:

Anstelle der Banane können Sie auch 2–3 EL Dattelsüße (S. 183) verwenden.

Zucchini-Schoko-Muffins

Für Kinder/Babys ab dem 6. Monat und die ganze Familie
Für 12 Muffins

Zutaten:

200 g Zucchini
½ reife Banane oder 100 g Apfelmark
4 EL Öl, z. B. Rapsöl
2 Eier
1–2 EL Dattelsüße (S. 183)
150 g Dinkelmehl
2 TL Backpulver
20 g ungesüßtes, schwach entöltes Backkakaopulver
1–2 EL Vollmilch (3,5 % Fett) oder Wasser bei Bedarf
Fett für die Form

1. Backofen auf 180 °C Umluft vorheizen.
2. Zucchini putzen, waschen und raspeln.
3. Banane schälen und in einer Schüssel mit der Gabel zerdrücken. Öl, Eier und Dattelsüße dazugeben und mit dem Handrührgerät verquirlen.
4. Zucchiniraspel unterheben.
5. Trockene Zutaten hinzufügen und alles gut verrühren. Bei Bedarf noch 1–2 EL Milch hinzufügen bzw. noch etwas mehr Süße.
6. Eine Muffinform einfetten und den Teig gleichmäßig auf die Mulden verteilen.
7. Im Ofen ca. 20 Minuten backen.

Tipps

Für größere Kinder und Erwachsenen kann man noch 2 EL Schokostreusel unter den Teig heben.

Aufstriche, Dips und Süße

Schoko-Avocado-Creme

Für 1 Kind/Baby ab dem 7. Monat und 1 Erwachsenen

Zutaten:

150 g reife Banane
1 kleine reife Avocado (ca. 100 g Fruchtfleisch)
1–2 TL ungesüßtes, schwach entöltes Backkakaopulver

1. Banane schälen und in kleine Stücke brechen.
2. Avocado halbieren, entkernen und das Fruchtfleisch mit einem Löffel aus der Schale heben.
3. Alle Zutaten in ein hohes Gefäß geben und mit dem Stabmixer pürieren.

Tipps:

Nach Belieben noch 1 TL gemahlene Haselnüsse oder Mandeln einrühren. Schmeckt als Aufstrich, als Zugabe in Grießbrei oder Porridge oder als Schokopudding.

Avocado-Frischkäse-Aufstrich

Für 1 Kind/Baby ab dem 10. Monat und 1 Erwachsenen

Zutaten:

1 reife Avocado (ca. 160 g Fruchtfleisch)
1 EL Frischkäse (Doppelrahmstufe), idealerweise ohne bzw. mit sehr wenig Salzgehalt

1. Avocado halbieren, entkernen und das Fruchtfleisch mit einem Löffel aus der Schale heben.
2. Avocado und Frischkäse in ein hohes Gefäß füllen und mit dem Stabmixer pürieren.

Tipp:

Schmeckt sehr lecker auf Brot, siehe dazu auch Rezepte ab S. 149.

Gemüseraspel-Frischkäse

Für 1 Kind/Baby ab dem 10. Monat und 1 Erwachsenen

Zutaten:

50 g Karotte
50 g Salatgurke
2 EL Frischkäse (Doppelrahmstufe), idealerweise ohne bzw. mit sehr wenig Salzgehalt
1 EL Fruchtdirektsaft, z. B. Apfelsaft

1. Karotte und Salatgurke waschen, evtl. schälen und raspeln.
2. Alle Zutaten in einer Schüssel vermischen.

Erdbeer-Fruchtaufstrich

Für Kinder/Babys ab dem 10. Monat und die ganze Familie
Für ca. 200 g

Zutaten:
150 g Erdbeeren
75 ml Apfel-Direktsaft
½ TL Agar-Agar (pflanzliches Geliermittel)

1. Erdbeeren waschen, Strunk entfernen und Beeren in Stücke schneiden. In eine Schüssel füllen, dann mit dem Stabmixer pürieren.
2. Erdbeerpüree mit Saft und Agar-Agar in einem kleinen Topf vermischen und aufkochen lassen. Die Temperatur auf mittlere Stufe reduzieren und Mischung 3–5 Minuten köcheln lassen, bis sie dickflüssig wird.
3. Noch heiß in saubere und heiß ausgespülte Einmachgläser füllen und mit einem Deckel verschließen. Für ca. 3 Minuten auf den Kopf stellen, dann umdrehen und abkühlen lassen.

Tipps:

Hält sich im Kühlschrank ca. 1–2 Wochen. Kann als Fruchtaufstrich verwendet werden oder als Zugabe zu Grießbrei oder Milchreis. Als Alternative können Sie auch (TK-)Erdbeeren mit etwas Wasser kurz aufkochen und dann pürieren, so erhalten Sie einen Erdbeer-Fruchtaufstrich, den Sie allerdings sofort verbrauchen sollten.

Pflaumenmus

Für Kinder/Babys ab dem 5. Monat und die ganze Familie
Für 4–6 Portionen

Zutaten:
300 g Pflaumen

1. Pflaumen waschen, entstielen und entkernen. Dann in Stücke schneiden.
2. Pflaumenstücke mit 50 ml Wasser in einen Topf geben und aufkochen lassen. Dann die Hitze reduzieren und Obst in 10 Minuten gut weich köcheln lassen, dabei mehrmals umrühren. Bei Bedarf noch etwas Wasser hinzufügen.
3. Kompott mit dem Stabmixer zu Pflaumenmus pürieren.

Tipps:

Nach dem Abkühlen in ein Schraubglas füllen. Hält sich im Kühlschrank ca. 2–4 Tage. Kann als Fruchtaufstrich verwendet werden oder als Zugabe zu Grießbrei oder Milchreis. Am besten 1 Portion direkt verbrauchen und den Rest portionsweise einfrieren, zum Beispiel in Eiswürfelbehältern. Pflaumenmus wirkt stuhlauflockernd und kann bei Problemen mit Verstopfung etc. in den Brei gemischt werden.

Dattelsüße

Für Kinder/Babys ab dem 5. Monat und die ganze Familie
Für ca. 120 g

Zutaten:

100 g ensteinte, ungeschwefelte, ungezuckerte Soft-Datteln

4. Datteln mit 4 EL Wasser in eine Schüssel geben und mit dem Stabmixer pürieren. Bei Bedarf noch etwas Wasser hinzufügen. Die Masse sollte zähflüssig sein.
5. Dann Masse in ein Vorratsglas füllen.

Tipps:

Dattelsüße hält sich im Kühlschrank etwa 1–2 Wochen. Kann als Alternative für Industriezucker etwa zum Süßen von Gebäck verwendet werden. Anstelle von Soft-Datteln können Sie auch getrocknete Datteln (ungeschwefelt, ungezuckert) verwenden. Diese dann erst in ein Glas oder eine Schüssel geben, abgekochtes Wasser darübergießen, bis sie vollständig damit bedeckt sind, und 4–5 Stunden einweichen. Dann Datteln durch ein Sieb abgießen, mit 2–4 EL abgekochtem Wasser in ein hohes Gefäß füllen und mit dem Stabmixer pürieren.

Kostenloses Bonusmaterial zum Buch

Auf **happyfitfood.de/biobaby** habe ich Ihnen nützliche Tipps zur gesunden Kinderernährung, eine grafische Darstellung des Beikostplans und Infos zu verwendeten Produkten wie zum Beispiel salzfreie Gemüsebrühe zusammengestellt. Außerdem stehen Saisonkalender für Obst und Gemüse und Zusatzrezepte für Sie zum Download bereit. Viel Spaß damit!

Herzliche Grüße

Veronika Pichl

Über die Autorin

Veronika Pichl ist Autorin zahlreicher Kochbücher und Ratgeber. Mit ihren Büchern und ihrem Blog-Magazin »HappyFitFood – Gesunde Ernährung mit Fun-Faktor« möchte sie ihre Leser zu einem gesünderen und glücklicheren Leben inspirieren. Im riva Verlag sind bereits viele erfolgreiche Bücher von ihr erschienen. Sie lebt mit ihrem Mann und ihren beiden Kindern im schönen Mittelfranken.
Mehr Infos zur Autorin und ihren Büchern finden sich auf **www.veronikapichl.de**.
Im Blog-Magazin von Veronika Pichl auf **www.happyfitfood.de** erscheinen regelmäßig leckere Rezepte, Meal-Prep- und Lunchbox-Ideen. Außerdem gibt es wissenswerte Beiträge, um mehr Bewegung in den Alltag zu bringen und Kilos zu verlieren, aber auch Tipps, um seine Ziele zu erreichen – für eine nachhaltige Lebensweise und mehr Zufriedenheit im Leben.

Rezeptübersicht

Obstbrei

Frühstück und Süßspeisen

Veggie-Gerichte

Gerichte mit Fleisch und Geflügel

Gerichte mit Fisch

Suppen

Backen

Waffeln, Kekse, süße Happen

Aufstriche, Dips, Süße

Zutatenregister

Bildnachweis

Produktempfehlung:
divata.de - Für dein Baby. Produkte für Familien.

Von Eltern getestet, für Kinder gemacht

Shutterstock.com:
S. 12: Deyan Georgiev, S. 15: Cherries, S. 17: didesign021, S. 18: evso, S. 19: Evgeny Atamanenko, S. 20: Tatevosian Yana, S. 22: Pixel Memoirs, S. 26: Lev Malevich, S. 27: Onjira Leibe, S. 29: narikan, S. 35: Marian Weyo, S. 36: irina2511, S. 41: Chatham172, S. 42: spongePo, S. 45: A_Lein, S. 47: NAR studio, S. 48: Makistock, S. 51: Africa Studio, S. 53: ZAHRA22, S: 57: Wiktory, S. 58: Liliya Kandrashevich; S. 61: Lukas Gojda, S. 62: almaje, S. 65: Pitamaas Agency, S. 66: Civil, S. 69: Lithiumphoto, S. 70: irina2511, S. 173: Amallia Eka, S. 178: Tetiana Cherkashyna, S. 181: Chatham172, S. 182: Brent Hofacker, S. 184: Oleksandra Naumenko

istockphoto.com
S. 39: Silberkorn

Restliche Fotos: Stephanie Just